INTERVENCIÓN MULTILATERAL EN VENEZUELA

Triunfo de la democracia frente al populismo

© Jesús Eduardo Troconis
Email: jtroconis16@yahoo.es
ISBN: 978-980-365-468-9
Depósito Legal: DC2019001020

Editorial Jurídica Venezolana
Sabana Grande, Av. Francisco Solano, Edif. Torre Oasis, Local 4, P.B.
Apartado Postal 17.598, Caracas 1015-A, Venezuela
Teléfonos: 762.2553/762.3842 - Fax: 763.5239
E-mail: fejv@cantv.net
http://www.editorialjuridicavenezolana.com.ve

Impreso por: Lightning Source, an INGRAM Content company
para Editorial Jurídica Venezolana International Inc.
Panamá, República de Panamá.
Email: ejvinternational@gmail.com

Autor de la portada: Germán E. Matos

Diagramación, composición y montaje
por: Francis Gil, en letra Book Antigua 13,
Interlineado Sencillo, mancha 11,5 x 18

JESÚS EDUARDO TROCONIS HEREDIA

Director de la Cátedra Mario Villarroel de
Derechos Internacional Humanitario y Derechos Humanos

Profesor de Derecho Internacional Público de la
Universidad Carlos III de Madrid

INTERVENCIÓN MULTILATERAL EN VENEZUELA

Triunfo de la democracia frente al populismo

Prólogo por: Román José Duque Corredor

Epílogo por: Luis Almagro
Secretario General de la OEA

CUADERNOS DE LA CÁTEDRA
ALLAN R. BREWER-CARÍAS
DE DERECHO ADMINISTRATIVO
UNIVERSIDAD CATÓLICA ANDRÉS BELLO

N° 41

Editorial Jurídica Venezolana

Caracas, 2019

Dedicatoria:

A Venezuela, mi única patria

ÍNDICE GENERAL

PRÓLOGO

La Crisis de Venezuela y el Derecho Internacional de los Derechos Humanos. La Acción Humanitaria, el Derecho de Injerencia y el Conflicto de Colombia.

DOS ENSAYOS PARADIGMÁTICOS DE JESUS EDUARDO TROCONIS HEREDIA

Román J. Duque Corredor

A diferencia del ensayo literario, que versa sobre una obra de esta naturaleza, la definición del ensayo como texto científico, que expresa la percepción de su autor sobre determinado tema, y, por eso, es su voluntad personal y libre; es a la vez expositivo, argumentativo, reflexivo y crítico. Por ello, la lectura y el análisis de los textos, que surgen de la pluma inquieta de Jesús Eduardo Troconis Heredia, que ha querido generosamente que presente a manera de pórtico; permiten concluir que dichos textos son ciertamente ensayos científicos. Que si bien, para su desarrollo tienen presente la crisis de Venezuela y el conflicto de Colombia, sin embargo, son ejemplos doctrinarios de la vigencia de un *ius constitutionale Commune*, como los es el Derecho Internacional de los Derechos Humanos. Por esta característica, los ensayos de Jesús Eduardo Troconis Heredia, resultan paradigmáticos para estudios de crisis humanitarias y de conflictos bélicos, a la luz de este Derecho. En primer término, su parte expositiva es la descripción de realidades, en un caso, el de Venezuela, la tragedia de su población, por sobrevivir, que cabe dentro de los estándares de crisis humanitaria; y, en el de Colombia, la guerra de guerrillas que generó la conflagración política de la sociedad colombiana, por más de 50 años, con un gran número de desaparecidos, torturas y fallecidos. En segundo lugar, porque en ambos ensayos, la argumentación del autor tiene por finalidad sostener la existencia y vigencia del Derecho Internacional de los Derechos Humanos, como "un corpus iuris" de defensa de los derechos de las poblaciones, consideradas, a esos efectos, como sujetos de ese "corpus iuris". Y, en tercer lugar, en razón de que no obstante la necesidad de resolver las carencias sociales y económicas de ambas crisis, humanitarias por los sujetos que afecta; desde el punto de vista político, sin embargo, son un desafío para la aplicación de tal sistema jurídico internacional, a pesar de que atentan contra la dignidad de las personas, que ese corpus iuris dice proteger.

No pretendo hacer una exposición de la realidad que define la situación de Venezuela como crisis humanitaria, puesto que el prólogo no ha de ser otro capítulo de la obra a presentar; pero si para destacar la calificación que Jesús Eduardo Troconis Heredia hace de la tragedia venezolana como crisis humanitaria, que tal ha sido la consideración que las organizaciones nacionales e internacionales han tenido de la tragedia venezolana. En efecto, por ejemplo, el Centro de Investigaciones Económicas de la Universidad Católica Andrés Bello, ha señalado que la capacidad de compra de las familias venezolanas ha experimentado *"la mayor contracción en toda la historia socioeconómica del país y esto explica por qué hemos batido todos los récords de pobreza de ingreso. Hoy 73% de los hogares y 76% de los venezolanos están en pobreza de ingresos"*. Y, que la inflación acumulada se calcula en 2.999%, que superaría a la proyección del Fondo Monetario Internacional que es de 2.349%. Y, según el Índice de Desarrollo Humano (IDHH) de la ONU, Venezuela continúa su descenso y acumula uno de los mayores retrocesos del mundo durante el presente gobierno. Lo que confirma el Informe Preliminar del Grupo de Trabajo sobre migrantes y refugiados venezolanos, del 8 de marzo de este año de 2019, de que cada día hay 5.000 nuevos refugiados y que de seguir así, el 2019 terminará con más de 5 millones de desplazados, que equipararía a los venezolanos con los desplazados con los conflictos bélicos de Siria o Afganistán. Estos datos son suficientes para entender porque según el Índice de los estados frágiles o fallidos del Fondo para la Paz de 2018, Venezuela cayó al nivel del caos, para ubicarse en el tercer país en el mundo más empeorado y en el segundo estado más frágil o fallido del hemisferio occidental, detrás de Haití. Ello debido, de acuerdo con el Índice citado, a la mala gestión del gobierno y *"al control autoritario que ejerce Maduro sobre el poder"*[1]. Además, siendo Venezuela un país rico en recursos naturales, sin embargo, conforme la Alerta Semanal de Atrocidad del Centro Global para la Responsabilidad de Proteger, actualizado al 15 del mes marzo de este año 2019, *"es un país afectado por masivas violaciones de derechos humanos y ataques sistemáticos a la población civil"*, que colocan a la población en riesgo de posibles crímenes de lesa humanidad[2]. Igualmente, la FAO, en su Informe de Alerta Temprana sobre Seguridad Alimentaria, de junio de 2018, coloca a Venezuela dentro de los países de alto riesgo alimentario de nivel crítico, por encima de países de la región africana, como Nigeria, Sudan, Camerún Cuerno de África y el Niño[3]. Más aún, en ese orden de ideas, recientemente el diputado Juan Guaidó, reconocido como presidente encargado por la Asamblea Nacional, decretó, con aprobación de esta Asamblea, el estado de alarma por 30

---

1   (http://fundforpeace.org/fsi/2018/04/19/fragile-states-index-2018-issues-of-fragility-touch-the-worlds-richest-and-most-developed-countries-in-2018/).

2   http://www.globalr2p.org/regions/venezuela

3   http://www.fao.org/3/CA0353EN/ca0353en.pdf (pp. 21-22).

días en el territorio nacional al calificar como calamidad pública la interrupción del servicio eléctrico desde el 7 de marzo. En virtud del señalado decreto, el presidente encargado dictó varias medidas, entre otras, la de ordenar a la FANB que brinde protección a las instalaciones de CORPOLEC, de prohibir a los cuerpos de seguridad impedir las movilizaciones populares, de instruir al servicio exterior de coordinar la cooperación técnica internacional y de suspender el suministro de crudo y combustibles a Cuba, para garantizar su ahorro.

Ante realidades como la venezolana, antes descrita, Jesús Eduardo Troconis Heredia, con fundamento en el principio de la naturaleza jurídica progresiva y voluntarista del Derecho Internacional de los Derechos Humanos, como un marco jurídico referencial, y partiendo de lo que denomina *La Teoría de las Organizaciones Internacionales*, y de lo que llama *Corpus Iuris de la Organización de Estados Americanos* , se refiere a la Acción Humanitaria, el Derecho de Injerencia o Intervención Humanitaria, como contrapartida de la obligación de los estados de su Responsabilidad de Proteger, es decir, de ayudar a las víctimas de los desastres desencadenados por catástrofes naturales o por conflictos armados, orientados a aliviar su sufrimiento, garantizar su subsistencia, proteger sus derechos fundamentales y defender su dignidad. Y que, como recuerda Troconis Heredia, tuvo su origen en el reconocimiento por la Asamblea General de la ONU, en 2005, del "*deber de los Estados de proteger las poblaciones civiles*", que puede configurarse como una excepción a la regla de no injerencia, consagrada en el artículo 2.4 de la Carta de la ONU, para los casos en que se violen sistemáticamente los derechos humanos, por cuanto la comunidad internacional se sustituye a los estados fallidos, por la necesidad de hacer frente a crímenes execrables, como el genocidio; los crímenes de guerra; la limpieza o depuración étnica y los crímenes de lesa humanidad.

Las consideraciones que se contienen en el ensayo de Jesús Eduardo Troconis Heredia, sobre la gravísima crisis humanitaria que sufre la población venezolana; que se traduce en una violación masiva de derechos humanos, que podría calificarse de crímenes internacionales; es un camino para la discusión sobre los principios de Derecho Internacional aplicables para resolver esta crisis. En efecto, la evolución de esos principios y la transformación de la sociedad internacional en una verdadera comunidad internacional, basada en valores y propósitos comunes, es un elemento a considerar. Ciertamente, como lo plantea Troconis Heredia, la soberanía y la no injerencia en los asuntos internos de los Estados y la prohibición del recurso a la fuerza, se enfrentan al deber de proteger y a la intervención humanitaria. Respecto de lo primero, del presente ensayo que prologamos, se desprende la existencia de un orden público internacional, inderogable e imperativo, que va a limitar y a disminuir el concepto de soberanía. De lo cual se desprende también que la violación de ese orden público impone a todos los Estados actuar y a exigir al Estado fallido o trasgresor, que cese la violación y que restituya el orden internacional humanitario. Ello implica, por otro lado, la consideración como un principio relativo la no injerencia en los asuntos internos de los Estados. De modo, que es posible sostener, que un Estado no puede ampararse en la soberanía, que atiende a la existencia política y territorial de un Estado, para violar los derechos humanos para cometer crímenes internacionales. Es decir, que el principio de soberanía absoluto, establecido en 1648, en Westfalia, ha sido definitivamente superado. Asimismo, la prohibición del recurso a la fuerza y de la amenaza de su uso también se ha debilitado, cuando se le aceptó como medio para solucionar las controversias internacionales. En efecto, en la Carta de las Naciones Unidas en 1945 (Artículo 2.4), y en resoluciones posteriores de su Asamblea General, se acogió la norma consuetudinaria de la aceptación de la fuerza como medio resolutorio, hasta llegar a contemplar excepciones a la prohibición de este recurso, como lo son las medidas autorizadas por el Consejo de Seguridad (Arts. 41 y siguientes de la Carta) y la legítima defensa, aceptada en ciertas condiciones (Art. 51 de la misma Carta). Sin embargo, la no mención a la intervención humanitaria ha originado la discusión sobre la procedencia de una acción militar como medio para proteger a poblaciones sometidas a violaciones masivas de derechos humanos; en razón de la existencia de la norma que prohíbe el recurso a la fuerza que se refiere específicamente a la integridad territorial y a la independencia política de los Estados, tal como se ha establecido en el artículo 2.4 de la Carta citada. Ahora bien, en razón del surgimiento del concepto de comunidad internacional y de un orden público internacional, hoy día el respeto pleno de los derechos humanos es prioritario. En este orden de ideas, se ubica el *"deber de proteger"*, enunciado por la Comisión Internacional sobre Intervención y Soberanía de los Estados (CIISE), en su Informe de 2001; y recogido en la Resolución 60/1 de la Asamblea General de la ONU en 2005, en sus párrafos 138 y 139, que establecen que el deber primordial de proteger corresponde al Estado receptor o de la crisis y en su defecto, subsidiariamente, a la comunidad internacional en su conjunto; que debe actuar para detener las violaciones de derechos humanos masivas y la realización de crímenes internacionales. Hoy día, pues, no se discute el deber de los Estados de proteger a sus ciudadanos de las violaciones masivas de derechos humanos y que subsidiariamente, ese deber recae en la comunidad internacional. Ello es tan así, que la ONU ha autorizado expresamente intervenciones armadas que han sido calificadas como humanitarias, por ejemplo, en Somalia, (1992), Haití (1994) Ruanda (1994), Bosnia y Herzegovina (1995), Albania (1997), Timor Leste (1999), Cote d'Ivoire y Libia (2011); y en los casos de

Irak, Kosovo, Liberia y Sierra Leona. Estas intervenciones se llevaron a cabo para garantizar la ayuda humanitaria, pero no para favorecer una determinada situación o a una de las partes en el conflicto.

En cuanto a esta intervención, a propósito del ensayo de Jesús Eduardo Troconis Heredia, referido a "La Crisis de Venezuela y el Derecho Internacional de los Derechos Humano", es pertinente citar la reflexión del embajador, Víctor Rodríguez Cedeño, contenida en opinión elaborada para el Bloque Constitucional de Venezuela, quien señala: *"Una intervención humanitaria puede plantearse en determinadas condiciones: una violación grave de derechos humanos fundamentales, agotamiento de los recursos diplomáticos y políticos para resolver la crisis, urgencia en intervenir y que, entre otras, se limite en el tiempo y en el espacio. También, se exige todavía hoy que la intervención humanitaria se lleve a cabo de conformidad con la Carta de las Naciones Unidas, en particular, en el marco del Capítulo VII, que contempla la autorización del Consejo de Seguridad, para el uso de la fuerza, pues todavía no ha cristalizado una norma de derecho consuetudinario que la permita sin tal autorización, es decir, en forma unilateral"*. El mismo autor citado, considera que, *"Si bien una intervención humanitaria, en las condiciones señaladas, es legítima, al responder a las necesidades de una población, un criterio que debe prevalecer es que hay posiciones diferentes en cuanto a la legalidad de las intervenciones humanitarias unilaterales, es decir, las no autorizadas por el Consejo de Seguridad. Para unos, el recurso unilateral es válido, pues debe prevalecer el respeto de los derechos humanos y todo Estado está facultado para exigir el respeto de las normas fundamentales de Derecho Internacional; mientras que para otros es indispensable, para garantizar su buen uso, que la misma sea autorizada por el Consejo de Seguridad. Una intervención humanitaria, muy distinta a una intervención militar aprobada en el marco de los artículos 41 y siguientes y del artículo 51 de la Carta de la ONU, resultaría legítima ante las atrocidades que están a la vista de todos, en una Venezuela dominada por un régimen militar criminal que niega incluso la ayuda humanitaria. Una intervención humanitaria responde a la imperiosa necesidad de salvar a una población de la comisión de crímenes internacionales como los de lesas humanidades claramente identificadas, pese a la negativa de la Fiscalía de la Corte Penal Internacional de aceptar tales hechos como constitutivos de crímenes objeto de la competencia de la Corte. La ayuda humanitaria debe ingresar al país para mitigar la crisis. Los venezolanos la necesitan. El régimen de Maduro la rechaza, lo que contraría los principios de derecho internacional y de humanidad más elementales. Ante un régimen que lejos de cumplir con sus obligaciones, el respeto y la promoción de los derechos humanos, se ha convertido en el verdugo del pueblo, la comunidad internacional debe actuar, ante el estado de necesidad, lo que no es injerencia indebida, desde luego, para impedir que se sigan cometiendo violaciones masivas graves de derechos humanos, individuales y colectivos, que se traducen en actos constitutivos de crímenes de lesa humanidad, como el exterminio (Art. 7 del Estatuto de Roma). No se trata de alentar una intervención humanitaria y menos de cualquier forma, que siempre tienen un costo político y humano muy alto, sino de alertar sobre las opciones que se abren ante la negativa reiterada del régimen de Maduro de aceptarla, agotando o despreciando, más bien, las fórmulas políticas. Si la comunidad internacional, dejando de lado su deber moral, no actúa de acuerdo con su responsabilidad de reaccionar ante el desastre humanitario que vive una población como la nuestra en estos momentos, por la parálisis del órgano que se supone debe velar por la paz y la seguridad internacionales, el gobierno interino de Juan Guaidó podría, una vez agotados todos los esfuerzos diplomáticos y políticos, en base a la norma constitucional que le autoriza, solicitar la protección militar de la ayuda humanitaria para garantizar su ingreso y su distribución, lo que se ajusta al Derecho Internacional, es decir, a su legalidad[4].*

Lo expuesto, tanto a nivel de los principios del orden público internacional y sobre la comunidad internacional y de su vigencia respecto de la crisis de Venezuela, se compendian en la conclusión a que llega Jesús Eduardo Troconis Heredia, de que: 1) Cada Estado tiene la responsabilidad de proteger la población de los crímenes masivos. 2) La comunidad internacional tiene la responsabilidad de asistir a los Estados en el cumplimiento de dicha protección. Y, 3) La comunidad internacional vías diplomáticas, humanitarias y otros dispositivos a fin de proteger a las poblaciones de los crímenes atroces antes señalados.

---

4   "Intervención humanitaria ¿una opción legítima y conforme al Derecho Internacional?" (mimeografiada).

Igual consideración con relación a la existencia de un derecho internacional humanitario hace Jesús Eduardo Troconis Heredia, en su otro ensayo sobre *"La acción humanitaria, el derecho de injerencia y el Conflicto de Colombia"*, que es el texto de la conferencia que presentó en el Congreso Internacional sobre los Perfiles de la Negociación en el Caso Colombiano, que tuvo su causa en la guerra de guerrillas que sufrió Colombia, hasta el desarme como parte del proceso que culminó con la firma de los Acuerdos de Paz en la Habana, el 26 de septiembre de 2016, entre el Estado colombiano y las Fuerzas Armadas Revolucionarias de Colombia –Ejército del Pueblo (FARC-EP). Troconis Heredia afirma que *"la idea de que el Derecho Internacional es, en esencia, un orden para promover la paz"*, fue el fundamento de tales Acuerdos, puesto que el proceso de donde surgieron fue la aceptación de la propuesta, hecha por Gobernador de Antioquia, Sergio Fajardo Valderrama, de que las FARC abandonaran las armas y de su posterior conversión en fuerza política, lo que permitió un entendimiento político que culminó en los compromisos finales de los Diálogos de Paz. Pero lo importante del ensayo en cuestión aparte de la cuestión política e ideológica envuelta en la negociación, es la consideración que Jesús Eduardo Troconis Heredia hace de la acción humanitaria en relación a la negoción de este conflicto armado. Para lo cual, en este segundo ensayo, después de la historia y del desarrollo pormenorizado de la evolución de la acción humanitaria, desde los Convenios de Ginebra de 1949 y sus protocolos adicionales, así como del origen de la injerencia humanitaria Troconis Heredia, destaca la trascendencia de sus principios de la humanidad, la imparcialidad, la neutralidad y la independencia de la comunidad internacional para promover la búsqueda de la paz y para resolver los problemas planteados por los refugiados y los desplazamientos internos por causa de la guerra de guerrillas. Troconis Heredia define los Convenios de Ginebra, de 1949, y sus Protocolos adicionales, como el conjunto de normas internacionales para humanizar la guerra y que instituyen el *corpus iuris* que provee la normalización del Derecho Internacional Humanitario. Asimismo, destaca el papel de las organizaciones internacionales en las tareas de vigilancia de los derechos humanos en contextos de crisis políticas o conflictos armados y del cumplimiento de los acuerdos por los que se resolvieron. Del contenido de este ensayo, *"La acción humanitaria, el derecho de injerencia y el Conflicto de Colombia"*, merece la pena destacar, teniendo presente la resolución de este conflicto bélico colombiano, la conclusión a que llega Jesús Eduardo Troconis Heredia, de que, aunque la conciliación entre el principio de no Intervención y el derecho de injerencia es difícil, en los tiempos presentes existe la tendencia a que la comunidad internacional se involucre en el establecimiento de un estado de derecho internacional , que proteja los derechos humanos, de instauración de un mecanismo de sanción de las dictaduras y de promoción de la búsqueda de acabar la guerra para lograr la paz y de consolidar la paz para evitar la guerra.

Hay responsabilidades que deparan compromisos, pero que se convierten en honores, por la innata gentileza de personas que desbordan generosidad más allá de la que proviene de la cotidianidad y cercanía que da una laboriosidad compartida por los mismos principios, ideales y acciones conjuntas, además de una afectuosa amistad. Este es el caso de Jesús Eduardo Troconis Heredia, al solicitarme que escribiera la presentación de sus ensayos, lo que hizo de ese honor para mí un serio compromiso. Primero, porque el contenido de sus escritos exige rigurosidad en su presentación. Segundo, porque el escribir un prólogo impone moderación para no incurrir en el exceso de convertir lo que debe ser en verdad un prólogo en un ensayo sobre el ensayo o en otro libro dentro de un libro. Y, digo con moderación, porque la sola lectura del contenido de los ensayos que me pidió prologara, Jesús Eduardo Troconis Heredia, por su claridad, desarrollo y precisión científica, merece un estudio completo, que no es el caso de su prólogo, cuya función es solo de servir de entrada o de pórtico a su estructura y sistemática. Espero, pues, que la opacidad de este pórtico o prologo no oculte la luminosidad de los ensayos *"La Crisis de Venezuela y el Derecho Internacional de los Derechos Humanos"* y, *"La Acción Humanitaria, el Derecho de Injerencia y el Conflicto de Colombia,* de Jesús Eduardo

Troconis Heredia, Profesor de Derecho Internacional Público y Director de la Cátedra de Derecho Internacional Humanitario y Derechos Humanos de la Universidad Carlos III de Madrid; que su bondad al requerirme su presentación, comprometió mi honor y mi consecuencia para su persona.

Caracas, 22 de mayo de 2019

PRIMERA PARTE

LA CRISIS DE VENEZUELA Y EL DERECHO INTERNACIONAL DE LOS DERECHOS HUMANOS

I. PRESENTACIÓN

Este trabajo se refiere, en primer término, a los sucesos tremendos que han determinado la profunda crisis que atraviesa Venezuela y, en segundo término, a la defensa y protección del Derecho Internacional de los Derechos Humanos. Partimos de la naturaleza jurídica progresiva y voluntarista del Derecho Internacional, convencidos de su positiva evolución desde la modernidad y, principalmente, desde la segunda guerra mundial.

Los derechos humanos, dice Norberto Bobbio, nacen cuando deben o pueden, siendo derechos históricos que aparecen en determinadas circunstancias, caracterizadas por luchas por la defensa de nuevas libertades contra viejos poderes. Esto es así, tanto en los

Estados como en la Comunidad Internacional. Intentaremos también abordar aquellos aspectos que permitan comprender los avances del Derecho Internacional de los Derechos Humanos, desentrañando los intereses estatales, las negociaciones y los obstáculos en su desarrollo. Finalmente, algunas reflexiones relacionadas con el muy apreciable papel que ha jugado la Organización de los Estados Americanos en la posible solución a la peligrosa crisis de Venezuela.

En el campo de la acción política, jamás se habían producido acontecimientos que tan rudamente anularan la condición humana de los venezolanos. A lo largo de la historia de Venezuela, es difícil encontrar ocasiones en que la brutalidad de los hechos se hubiese impuesto al espíritu nacional con la aspereza de ahora, en la cual la virtud se haya visto acorralada a tan estrechos reductos.

En Venezuela, las instituciones democráticas nos hicieron conocer programas idóneos para la salud pública, la educación, la seguridad, el bienestar económico y la creación de un Estado cuyos esfuerzos consiguieron niveles razonables de justicia y libertad. Hoy, somos testigos de un proceso de destrucción total que nos muestran las plagas del hambre, de la enfermedad y de la desigualdad entre los ciudadanos.

Podemos constatar la desaparición del aparato productivo del Estado y la eliminación de los alcances logrados bajo el sistema de libertades públicas que vivimos desde 1959 hasta 1999. Una prosperidad reconocida por la sociedad internacional.

Patético es el hundimiento de Petróleos de Venezuela S.A. (PDVSA), piedra angular del desarrollo nacional, que llegó a producir en el año de 2002 alrededor de tres millones seiscientos mil barriles diarios. El presidente Felipe González, con sangrienta ironía, afirmó que era un milagro llevar a la quiebra un Estado petrolero.

El dominio y control de la disminuida industria petrolera está en las manos maléficas e intrusas de la Habana Castrista.

Otro dato alarmante es la existencia, para el año 2000, de trece mil quinientas empresas, nuestra planta industrial de aquel momento, reducidas, a cuatrocientas cincuenta empresas en la actualidad, que ha tenido como consecuencia una caída estruendosa de la producción. En ese sentido, vale la pena comentar una reciente propuesta de la Asociación de agricultores y ganaderos del Estado Portuguesa, otrora, "El Granero de Venezuela", consistente en la realización de una inversión de dos mil quinientos millones de dólares para reactivar la producción en el sector a fin de combatir el hambre y proveer a la seguridad alimentaria. Solicitándose, al mismo tiempo, apoyo financiero para el rescate de las empresas siderúrgicas de Guayana que constituyen el eje fundamental de la alimentación, pues la recuperación del sector, requiere de maquinarias a la par de insumos indispensables importados para la siembra y cosecha de arroz, maíz, y hortalizas en el Arco Andino, constituido por los Estados de Lara, Portuguesa, Guárico, Barinas y Cojedes, a fin de abastecer el mercado nacional y promover la exportación de esos rubros.

Sin embargo, la herida más profunda es la violencia perpetrada contra los venezolanos, que destruye la estructura social con funestas consecuencias que se transmiten de generación en generación. En efecto, violencia erosiona los procesos de gobernanza, retrocede drásticamente el desarrollo económico, crea nuevas necesidades de asistencia internacional y deja cicatrices indelebles que entorpecen la reconstrucción de la paz y tranquilidad del país.

Por añadidura, las Fuerzas Armadas Nacionales, cuya responsabilidad es la preservación y custodia del Sistema de libertades públicas entonces vigente, fueron desligadas al inicio del proceso de todo ideal democrático.

De otra parte, el diálogo, vía normalmente válida, es en nuestro caso una falsedad, pues se ha convertido en una alternativa vil no idónea para la solución del conflicto.

La pérdida absoluta de legitimidad de la Dictadura se ahonda cuando se constatan crímenes execrables, repugnantes, que transgreden la vigencia, defensa y protección de los derechos humanos. La existencia de una gran cantidad de presos políticos, el exterminio del debido proceso, la imposición de la tortura criminal, quiebran el Estado de Derecho, cuyos poderes públicos están concentrados únicamente en las manos de quien lleva las riendas del régimen autoritario.

II. LA CRISIS DE VENEZUELA

El colapso venezolano revisa todos los códigos históricos, económicos, sociales y políticos de medición del desarrollo y de los estándares de bienestar de cualquier país. Una obra inédita, una tragedia, un verdadero desastre.

1. *Aspectos económicos y sociales*

La economía venezolana atraviesa una severa recesión en el período comprendido entre 2014 y 2018, cuatro años consecutivos de estancamiento que deriva una pérdida del 55% del PIB, un proceso equivalente a un atraso de cuarenta años, que nos retrotrae en términos de crecimiento a la década de los años cincuenta. Un deterioro de esa magnitud no había sido registrado en la marcha de los asuntos públicos del subcontinente. Es más del triple de la caída del PIB en Uruguay a principios del año 2000 y más del doble que la del Uruguay en la década de los 80. La inflación, que ya excede el 50% mensual, supera a la de Bolivia y Nicaragua, y es mucho más grande que la suscitada en Argentina en el año 2000, tiempos del célebre "corralito". Bajo el lente del FMI, que mira el comportamiento de 196 países, Venezuela aparece entre los 8 primeros, con un descenso persistente de la producción de bienes y servicios en los últimos 40 años.

Entre los miembros de la OPEP, Venezuela es el único de los Estados miembros que padece el daño grave de la hiperinflación. Efectivamente, su economía no ha crecido en los últimos 19 años, en contraste con Chile, Colombia y Perú que han retomado un crecimiento consistente.

Los índices de pobreza, según las encuestas realizadas por los centros de estudios de la Universidad Central de Venezuela y la Universidad Católica Andrés Bello, revelan el porcentaje alarmante del 87% para el año de 2017, con impactos sociales devastadores. Entre otros, el salario mínimo del venezolano es el más bajo de América Latina, junto a Cuba y Haití, habiendo sido de los más altos para 1992, el efecto restrictivo del presupuesto doméstico o salario conlleva la no adquisición de alimentos y medicamentos. Según las estadísticas, la emergencia humanitaria es tan aguda que, en 2012, el salario mínimo permitía la compra de setenta y dos mil calorías al día, al presente ni siquiera ochocientas calorías.

El salario mínimo, resultado del dinero inorgánico, alcanza para comprar un huevo al día. En el país, no hay los alimentos ni las medicinas necesarias para que sobrevivan treinta millones de personas. Por eso, las condiciones de vida en Venezuela son miserables, y la gran mayoría de sus habitantes ha perdido un promedio de 25 kilos de peso en los dos últimos años. Es ese el preludio dramático de la miseria, de la enfermedad y de la muerte.

Por otra parte, se está desarrollando un aumento en los flujos migratorios o diáspora de nuestros compatriotas, presionados por las razones antes señaladas. Estudios científicos, bien fundamentados, sitúan entre 4 y 5 millones los venezolanos que han salido del país en los últimos 19 años. Lo peor es que se calcula un éxodo aproximado de 10 millones en los próximos 4 años. Así las cosas, la hemorragia del capital humano, es imparable; ingenieros, médicos y profesionales de las diferentes ramas del saber, de muy alta calificación, se pierden en perjuicio del desarrollo nacional.

El control de cambio múltiple, al que vale la pena aludir, es un instrumento de irregularidades sin fin en el desarrollo económico venezolano. En este sentido, la estimación de los niveles de corrupción se calcula entonces entre la diferencia de lo que se podría comprar fuera con lo que se podría comprar en Venezuela, allí está "la utilidad adicional" para quienes tienen acceso a las divisas. Un ejemplo ilustra claramente la dimensión del latrocinio: en mayo del año 2014, el poder adquisitivo de Bs. 6.300 (1.000 USD a la tasa de cambio oficial para la fecha) era de 2.995 USD fuera del país, siendo el beneficio para el comprador de la divisa de 1.995 USD.

Los ingresos aportados por la empresa petrolera del Estado superan el 95% de las divisas que ha obtenido Venezuela en los últimos años. Hasta la instalación del actual régimen, la casi totalidad de las divisas producto de las exportaciones petroleras eran enteradas al Banco Central de Venezuela (BCV), situación que cambió radicalmente a partir de 2003, y aún más desde el momento de la reforma de la Ley del BCV en 2005.

Luego de 2003, el promedio enterado por parte de PDVSA al BCV apenas llegó a la mitad, es decir, más de la mitad de las divisas provenientes de la exportación del petróleo dejó de entrar al país.

La interrogante que surge es: ¿A dónde fueron a parar esas divisas? Y la respuesta, si bien no es quizá la que quieren escuchar las personas cercanas al régimen, es que se desviaron a patrimonios particulares. En lenguaje prosaico, se las robaron.

Entre los años 1997 y 2002, PDVSA todavía poseía una gerencia sin mayores desviaciones ideológicas al frente del negocio petrolero. Durante ese periodo, Venezuela exportó aproximadamente cien mil millones de dólares y el BCV solo recibió el 82% de la cifra citada.

Entre 2003 y 2015, el país exportó casi ochocientos mil millones de dólares en petróleo, y el BCV recibió menos de la mitad. Es así como cuatrocientos nueve mil millones de dólares nunca fueron integrados al BCV.

La desviación estimada en el caso de PDVSA explica la carencia de inversión aplicada al ritmo de producción y mantenimiento de la industria. Razones que han determinado el derrumbamiento de la producción y el deterioro de la empresa que llegó a ser la quinta productora mundial, e inspiración de las Empresas Petroleras de los Estados miembros de la Organización de Países Exportadores de Petróleo (OPEP).

La producción del crudo venezolano ha descendido, repetimos, de casi tres millones quinientos mil barriles diarios a menos de un millón doscientos mil barriles por día en septiembre de 2018, una disminución del 65,7%.

Este gobierno ominoso destruyó la industria petrolera nacional. Su recuperación, lamentablemente, tiene que hacerse desde afuera, dado que la empresa petrolera del Estado no tiene ni recursos financieros ni capacidad de endeudamiento para aumentar sus niveles de producción. No dejando otra alternativa que adoptar una estrategia similar a la de Colombia, México y Brasil, en las cuales la inversión privada ha jugado un papel sustancial.

Venezuela está en una situación de cesación de pagos o default en relación a los bonos emitidos por PDVSA, de más de siete mil millones de dólares, deudas vencidas y no pagadas. Conoco Phillips pone a Petróleos de Venezuela en circunstancias críticas, pues la victoria de la tercera mayor petrolera nortea-mericana por la demanda interpuesta ante la Cámara Internacional de Comercio, obliga a la firma estatal venezolana a pagarle dos mil cuarenta millones de dólares, por los daños producidos tras la medida de nacionalización no perfeccionada. Semejante sentencia abre las puertas a la confiscación de crudo y al embargo de activos internacionales pertenecientes a la Na-ción.

Por otro lado, la inversión interna o externa en Ve-nezuela es inexistente y la captación de inversión ex-tranjera de los vecinos, Colombia y Brasil, cada uno por separado, supera los noventa y cinco mil millones de dólares.

Las reservas internacionales rozan con dificultad los diez mil millones de dólares. Era una constante que las reservas alcanzaran un promedio de trescien-tos mil millones de dólares. El corolario es simple, da-da la estructura esencialmente importadora venezolana, no es posible la adquisición de los insumos requeridos por el aparato productivo nacional. En ese sentido, el ingreso en divisas proveniente de las exportaciones petroleras es principal por su alta cuantía que supera el 95% de las divisas obtenidas por el país en los últimos años.

Asimismo, los analistas consideran el uso de los recursos provenientes de PDVSA como la más importante fuente de corrupción, corazón de la economía venezolana. Las exportaciones alto nivel. Aunque de la denominada *black economy* se obtienen otros ingresos, sin registro alguno, también de las remesas de la diáspora y aquellos provenientes del narcotráfico y de la explotación del Arco Minero del Orinoco. Es de advertir que los créditos o préstamos de China y Rusia con garantía de nuestros recursos naturales, yacimientos petroleros o mineros, no constan en las cuentas nacionales.

Esta vergonzosa descripción prueba el desplome y la devastación de un país que, poco tiempo atrás, ostentaba el mayor ingreso per cápita al sur del río Bravo.

En consecuencia, es necesario poner en marcha un programa de reconstrucción nacional sobre bases firmes y objetivos precisos que inspiren credibilidad y respeto a la población y a la comunidad internacional entera.

Entre los primeros, el combate a la recesión, la hiperinflación y la vuelta al crecimiento de nuestra economía, lo cual requerirá de la cooperación internacional, de institutos financieros como el Fondo Monetario Internacional, Banco Interamericano de Desarrollo, Banco Mundial, o de organizaciones con capacidad financiera, OPEP o Unión Europea, por ejemplo, lo mismo que un pool de inversionistas privados o Estados individualmente considerados que puedan facilitar créditos cónsonos con la dimensión de la exigencia venezolana, que estimaciones serias sitúan entre doce mil millones y quince mil millones de dólares al año.

Otras líneas maestras incluyen la reforma fiscal, la eliminación del pernicioso control de cambio múltiple, el restablecimiento del derecho de propiedad, el abandono de la fijación de precios, la creación de un fondo de estabilización vinculada estrechamente al pago progresivo de la deuda externa, cercana a ciento sesenta mil millones de dólares.

2. *Aspectos Políticos y Jurídicos*

El exterminio del Estado de Derecho en Venezuela constituye la peor de las transgresiones, pues marca la salida de la acción del gobierno del Orden constitucional y de la ley. Así, se obedece, a pie juntillas, al postulado de Lenin en su libro *L´Etat et la Revolution*, escrito en su exilio finlandés en el año de 1917. La abolición del concepto del Estado de Occidente y del sufragio, es decir, de la fuente de legitimidad del Poder, expresión viva y auténtica de la voluntad general[5].

Las consecuencias de una propuesta semejante son demoledoras y antidemocráticas: la concentración de todos los poderes en la Presidencia de la República o en la cúpula cívico-militar gobernante, la disolución, por tanto, de la independencia judicial y la ausencia de pesos y contrapesos; la represión en sus diversas modalidades, que entraña violaciones generalizadas o manifiestas de derechos humanos, el bloqueo de la iniciativa popular para los referendos y de la vía electoral; la cancelación de los partidos políticos y la inhabilitación por un órgano administrativo y con desviación de poder de líderes de la oposición; la instauración de un Estado comunal que secuestra en lugar de promover la participación popular y que implica el desmantelamiento de la estructura federal del Estado; la negación de la libertad económica y la destrucción de la economía privada; la degradación de la Fuerza Armada Nacional a la mera condición de mera condición de órgano de militancia partidista e ideológica, con la anuencia de sus jerarcas; la corrupción desatada ante la ausencia de controles; y la intromisión de un Gobierno extranjero en áreas fundamentales de la ac-

---

5   PRÉLOT Marcel. *Histoire Des Idées Politiques* (1966). Professeur à la Faculté de Droit de Paris, Sénateur du Doubs, Recteur honorarie. Troisieme Édition, Précis Dalloz (pp. 588).

tividad del Estado, como la seguridad, por ejemplo. Nada de esto tiene asidero constitucional.

La Constitución de 1999, en vigor, consolidó la posición del presidente de la República dentro del sistema de gobierno prescrito al expandir sus atribuciones en el campo civil y militar, pero la prolongación del periodo presidencial y pervivir la reelección inmediata no sólo excede el marco constitucional, sino que ahonda en el plano de la Ciencia Política y de la historia de nuestros países en la viciosa y, muchas veces, perniciosa ambición por el poder.

La estocada mortal a la Constitución, que aniquila el Estado de Derecho, es la integración del Tribunal Supremo de Justicia y la creación de la Asamblea Nacional Constituyente, ambos actos espurios, junto con la convocatoria a la elección presidencial de 2018[6].

Es de mención obligatoria el artículo 25 de la Constitución, cuyas prescripciones prevén cualquier acto del poder público violatorio de los derechos humanos, así como la responsabilidad de quienes lo ordenen o

---

6   CASAL HERNÁNDEZ Jesús María. *Discurso de incorporación a la Real Academia de Ciencias Políticas* (2018). Caracas-Venezuela.
    http: //elucabista.com/2019/01/09/otorgan-premio-internacional-de-derecho-al-profesor-ucabista-jesus-maria-casal/

ejecuten sin que sirvan las excusas de "órdenes superiores". Este precepto, escudo frente al autoritarismo, tuvo su origen en la Constitución precedente de 1961, que rigió la actuación de los tiempos democráticos de la llamada cuarta República. Sus contenidos, unidos a los artículos 333 y 350 de la Constitución actualmente vigente, son un verdadero bastión contra la arbitrariedad y el autoritarismo repudiable.

El debido proceso, un derecho fundamental, que hermana la libertad con la justicia, no es garantizado. Por el contrario, ha sido eliminado por la dictadura, sobre todo, después de la designación írrita de los magistrados del Tribunal Supremo de Justicia con violación flagrante del Ordenamiento Jurídico establecido que propone un juicio imparcial, justo y equitativo.

La libertad de expresión desaparece del paisaje político venezolano. El más reciente ataque se materializa el 18 de diciembre de 2018 con el cese de la rotativa de uno de los grandes de la prensa escrita "El Nacional", con más de cien años de existencia.

En materia de la seguridad que debe el Estado al ciudadano, y de sus deberes principales de mantener el orden público y la paz, se han visto absolutamente empañados por las barbaridades cometidas a manos de las brigadas paramilitares o parapoliciales, conocidos como "colectivos" organizados por el propio régimen. Igualmente, la acción de las Fuerzas Armadas Revolucionarias de Colombia (FARC) y del Ejército de Liberación Nacional (ELN), también de origen colombiano, que controlan buena parte del territorio nacional, contribuyen al Crimen en Venezuela, así, con mayúscula. Este último grupo guerrillero perpetró un ataque el 18 de enero de 2019 con coche bomba a la Escuela de Cadetes de Bogotá, causando más de 20 muertos y 70 heridos, quizá el atentado más sangriento en Colombia desde la firma de los acuerdos de paz con las FARC en 2016. Este tipo de crímenes execrables, repugnantes, que conmocionan la conciencia de la mayoría de los seres humanos, son condenados por la Constitución de Venezuela, a través de sus artículos 5, 250 y 333, en perfecta concordancia con los artículos 25, 27 y 28 del Estatuto de Roma, soporte jurídico primordial de la Corte Penal Internacional. Las normas jurídicas dicen "tanto quien comete el crimen, como quien lo ordena, induzca, colabore, contribuya, encubra o sea cómplice de su comisión, sin exclusiones por razón de cargo oficial y con especial responsabilidad para los jefes militares que resulten responsables de los crímenes cometidos por las fuerzas bajo su mando, serán condenados."

El más reciente ejemplar del Informe del Observatorio Venezolano de la Violencia, auspiciado por la Universidad Central de Venezuela y la Universidad Católica Andrés Bello, ante la opacidad de los datos oficiales, atribuye a las fuerzas policiales un tercio de los homicidios ocurridos.

Venezuela ocupó, en 2018, el primer lugar en la lista de los países más violentos de América Latina, con una tasa de 81,4 homicidios por cada 100.000 habitantes, cifra que se coloca por encima de El Salvador y Honduras, reflejando, además, un total de 23.047 asesinatos durante el año mencionado.

Un apunte relevante es relativo a la localidad de El Callao del Estado Bolívar, Región de Guayana, es la más violenta de todas, zona minera que carga con el fardo de 619,8 muertes por cada 100.000 habitantes, un número escandaloso que si-túa este pequeño pueblo minero a la altura de Medellín en los tiempos del narcotraficante Pablo Escobar.

La explotación minera subterránea e ilegal controlada por los grupos guerrilleros de las FARC y ELN son los factores determinantes de la elevada violencia.

Otra información destacable indica que el Estado de mayor violencia es Aragua, en la Región central, a una hora de Caracas. Su tasa de homicidios duplica la media nacional y el grueso tiene que ver con la muerte por resistencia a la autoridad. Lo mismo ocurre con los Estados, Sucre de la costa oriental y Trujillo de la cordillera andina que comienzan a figurar entre los más violentos por la expansión del narcotráfico.

En resumen, las organizaciones criminales con el amparo del régimen tiránico se han ido haciendo más rurales, tomando matrices de guerrillas, convirtiendo la mermada producción agroalimentaria en el nuevo botín de la delincuencia organizada.

La tasa del Crimen en Venezuela es ocho veces superior a una endemia o epidemia virulenta, lo que ha llevado a la Organización Mundial de la Salud (OMS) a considerar el caso venezolano como una "Epidemia Criminal".

III. EL DERECHO INTERNACIONAL DE LOS DERECHOS HUMANOS

América Latina afronta grandes desafíos en materia de los derechos humanos. Al siniestro conflicto de Venezuela se suman los casos de Guatemala y Nicaragua; la tentación reeleccionista de Evo Morales en Bolivia y la férrea dictadura castrista que ha sometido al pueblo cubano a un régimen personalista y cruel.

La entrega indigna y baja de Venezuela, de Chávez a los Castro, ha permitido la invasión de nuestro territorio y la extensión del autoritarismo comunista. El Papa Francisco en su reciente recorrido intelectual y físico del mes de diciembre, por las zonas más atribuladas del planeta, ha querido localizar la geografía del sufrimiento, haciendo hincapié en los dos países del subcontinente que, además, de Cuba, viven tiempos aciagos por culpa de regímenes inicuos, Venezuela y Nicaragua.

1. *El desarrollo progresivo del derecho internacional de los derechos humanos.*

Los precedentes más resaltantes de los derechos humanos en la época moderna son la Independencia Norteamericana y la Revolución Francesa.

La Declaración de las Colonias de 1776 tuvo un sentido global, y en ella se han inspirado un centenar de Declaraciones de independencia. Tanto la norteamericana como las posteriores no han tenido como objeto central el reconocimiento de los derechos humanos individuales. El énfasis estaba puesto en la creación del Estado, una suerte de carta de presentación ante la Comunidad Internacional.

Sin duda, la Declaración americana influiría en la francesa, cuyo primer proyecto presentó el Marqués de La Fayette, mejor conocido como el General Lafayette que fue un militar y político que peleó por los Estados Unidos en la guerra de independencia, amigo cercano de Thomas Jefferson, Embajador en París en 1789. Sin embargo, el modelo de derechos era distinto entre uno y otro, mientras que en Estados Unidos era un instrumento de protección a las minorías, en Francia el modelo tenía una marcada vocación de contribuir a la universalización de los derechos humanos: Liberté, Egalité et Fraternité.

Con las Declaraciones de independencia, se transita en la Comunidad Internacional desde un "Mundo de Imperios a un Mundo de Estados". En 1815, Thomas Jefferson afirmó, comentando la Declaración americana, que se trataba de "apelar al Tribunal del mundo para justificarnos."

Los primeros antecedentes del sistema interamericano de protección de los derechos humanos se encuentran en las Conferencias Panamericanas. La de Washington de 1899, de México de 1901, y las posteriores celebradas entre 1906 y 1936.

En ese contexto, el 2 de mayo de 1948, se aprobó la Declaración americana de los derechos de y deberes del ciudadano, anterior a la universal.

Así, comienza su andadura la Organización de Estados Americanos (OEA) en 1948, creada mediante la Carta de Bogotá, sobre las sólidas bases de las Conferencias Panamericanas y de la Unión Panamericana de 1889. Sus miembros forman partes de un mismo concepto geográfico y la misma atmósfera de países nuevos, a día de hoy son 35, separados por grandes distancias que van de las Cataratas del Niágara en América del Norte a Cabo de Hornos en los confines de América del Sur, sobrevolando América Central y el Caribe. Sus fuentes jurídicas la integran ocho Tratados, distintos y vigentes, pese a que no han cumplido un proceso "ortodoxo" de conclusión. Un verdadero riesgo, pero ningún país ha denunciado la Carta, según certifica Jean Michel Arrighi, en su libro "La OEA y el Derecho Internacional".

Después de la segunda guerra mundial, se aprueba la Carta de San Francisco, de 25 de octubre de 1945, sobre la cual se funda la Organización de Naciones Unidas (ONU) que reúne casi la totalidad de los Estados del planeta.

La Carta postula en su artículo 3 "el respeto de los derechos humanos y de las libertades fundamentales de todos, sin hacer distinción por motivos de raza, sexo, idioma o religión", lo que convierte la competencia exclusiva del Estado en una obligación de toda la comunidad internacional[7].

Motivo de orgullo para los latinoamericanos es que la Asamblea General de Naciones Unidas enuncia la Declaración Universal de los Derechos Humanos en diciembre de 1948, en tanto que la OEA había proclamado la Declaración de los Derechos y Deberes del Hombre pocos meses antes, en abril del mismo año.

El patrimonio ancestral de la Unión Panamericana y de la OEA reside en el Derecho Americano, que tuvo entre sus principales forjadores al Jurista e intelectual venezolano, Andrés Bello. El Derecho Americano, por

---

7   ARRIGHI Jean Michel. *"La OEA y el Derecho Internacional"*. (2015). Editorial Porrúa. (XXVII)

lo demás, contribuyó sustancialmente a la estructura institucional y orgánica de la ONU.

2. Las transformaciones del sistema normativo en las fuentes y principios

La Teoría de las Organizaciones Internacionales

La formación de una Organización Internacional requiere el consentimiento de los diferentes Estados, frente a la necesidad de defenderse de un peligro exterior o por la común concepción religiosa, ideológica y económica. Es necesario, además, un marco geográfico determinado para la creación de organismos permanentes capaces de manifestar una voluntad propia, distinta de los Estados miembros.

La doctrina y la jurisprudencia estiman que la Organización internacional, para poseer personalidad jurídica, debe tener voluntad propia.

Los españoles Diez de Velasco y Mariño Menéndez, y los franceses Bastid y Reuter adhieren esta corriente doctrinal, que reconoce subjetividad internacional a las:

"Asociaciones voluntarias de Estados establecidas por acuerdo internacional, dotadas de órganos permanentes, propios e independientes, encargadas de gestionar unos intereses colectivos y capaces de expresar una voluntad jurídica distinta a la de sus miembros."

La jurisprudencia agrega el concepto:

"Según el Derecho Internacional, la organización debe ser considerada como poseedora de poderes, que aún no expresamente mencionados en la Carta o Estatuto, son conferidos a la organización en tanto que son esenciales al ejercicio de sus funciones" (CIJ, Reparation de dommages subis au service de UN, 1949)[8].

Corpus Iuris de la Organización de Estados Americanos

Dos textos del acervo jurídico de la Organización de Estados Americanos definen el cumplimiento de sus objetivos primordiales: La Democracia y los derechos fundamentales.

a) La propia Carta prescribe, en su artículo 3.d, que "la solidaridad de los Estados Americanos está fundamentada en el ejercicio efectivo de la democracia representativa", y

---

8 TROCONIS HEREDIA Jesús Eduardo. *"El Petróleo ¿Arma de la Revolución"*. (2008). Editorial Rayuela. (pp. 57).

b) La Declaración de Santiago de Chile, de 1959, enuncia algunos atributos del sistema democrático representativo, entre ellos:

- El ejercicio democrático con sujeción al Estado de Derecho, la celebración de elecciones periódicas, libres y justas, basadas en el sufragio universal y secreto, como expresión de la soberanía popular, del régimen plural de partidos y de la separación e independencia de los poderes públicos.

- Son componentes esenciales del ejercicio de la democracia: la transparencia de las actividades gubernamentales, la probidad, la responsabilidad de los gobiernos, el respeto por los derechos sociales, la libertad de expresión y la defensa y protección de los derechos humanos. Se establece, entonces, un vínculo estrecho entre la democracia y los derechos humanos. Siendo la democracia una condición indispensable para el ejercicio efectivo de los derechos humanos.

Asimismo, son textos prominentes por su valor y trascendencia los siguientes:

El "Pacto de San José" de 1969, o Convención Americana sobre derechos humanos, que pone en contraste los conceptos Derecho Internacional Americano, anteriores a los del Derecho Internacional Clásico.

El Tratado de Río de Janeiro de 1947, que desarrolla el concepto de la seguridad no sólo contra un ataque al territorio americano sino la subversión interna provocada por una propaganda ideológica contraria a la democracia representativa, como el comunismo. Desde la perspectiva política, la trascendencia de sus contenidos estriba en el refuerzo a las competencias y capacidad de gestión de la organización regional para solucionar los conflictos entre sus miembros.

La décima Conferencia Panamericana de Caracas (1954) declara la solidaridad a fin de preservar la integridad política de los Estados americanos contra una intromisión del comunismo internacional. En ambos textos, aparece la voluntad de buscar soluciones a los asuntos regionales en el marco que ofrece la OEA, sin necesidad de acudir a la ONU. Esta aspiración legítima y ancestral de la Organización regional se ha visto oscurecida por los intentos de EEUU de "utilizar" o valerse del Pacto de Río para arreglar las diferencias, en el caso de Guatemala, en 1954 y en Santo Domingo en 1965, sin recurrir a la ONU, pero con despliegue de su política de potencia, equivalente a una intervención unilateral.

En los prolegómenos de su fundación, los Estados americanos estuvieron de acuerdo en dos conceptos cautelares; en primer lugar, facilitar la coordinación entre el Sistema Panamericano y el Sistema de Naciones Unidas y, en segundo lugar, guardar la autonomía de acción en asuntos de importancia capital relacionados con la paz, seguridad y solución de controversias. Brasil propuso, en las negociaciones de San Francisco, que las situaciones que involucraban exclusivamente a un grupo regional debían ser resueltas por él sin intervención alguna del Consejo de Seguridad. En mi criterio, el paso del tiempo no es vano. Hace 70 años, Francia, Reino Unido, China, Rusia y EEUU, los cinco miembros permanentes, han cambiado ostensiblemente, y esto elimina la posibilidad de una resolución objetiva, imparcial y justa.

La Acción Humanitaria, el Derecho de Injerencia o Intervención Humanitaria, y la Responsabilidad de Proteger

La *Acción Humanitaria* es aceptada, por la mayor parte de la doctrina, como el conjunto diverso de acciones de ayuda a las víctimas de los desastres desencadenados por catástrofes naturales o por conflictos armados, orientados a aliviar su sufrimiento, garantizar su subsistencia, proteger sus derechos fundamentales y defender su dignidad. La Acción Humanitaria se caracteriza por determinadas actividades y objetivos, lo mismo que por una serie de principios éticos que le son inherentes, tales como la humanidad, la imparcialidad, la neutralidad y la independencia. Estos principios significan que son las necesidades de las personas las regidoras de la acción humanitaria y no los Estados, con sus intereses políticos y económicos.

La ayuda humanitaria puede distinguirse así:

-La ayuda proporcionada, con carácter de urgencia, a los seres humanos en situaciones de necesidades críticas, consistente en la provisión gratuita de bienes y servicios esenciales para la supervivencia inmediata.

-La ayuda en la cual se confunden acción y ayuda, tal como lo admite la doctrina, no solamente incluye la emergencia sino la ayuda en forma de operaciones prolongadas para resolver los problemas planteados por los refugiados y los desplazamientos internos. Dichas operaciones no se limitan al mero auxilio sino que contribuyen a frenar la descomposición del tejido económico y social, y a establecer la rehabilitación y el desarrollo futuro.

Los Convenios de Ginebra de 1949 y sus protocolos adicionales constituyen la plataforma sobre la cual se levanta el Derecho Internacional Humanitario. La normativa actual confiere potestades para supervisar y garantizar la ejecución idónea de los programas de ayuda humanitaria a la Cruz Roja Internacional, pero también a otros organismos tales como Human Rights Watch, Amnistía Internacional, las Misiones de Observación de la Organización de las Naciones Unidas, y la Organización para la Seguridad y la Cooperación en Europa (OSCE).

El Derecho de Injerencia o Intervención Humanitaria.

En las ruinas de la Segunda Guerra Mundial, los fundadores de la ONU otorgaron a la paz un valor supremo. Es por esa razón que, en los artículos 2 y 4 de su Carta, se prohíbe, por principio, el empleo de la amenaza de la fuerza en las relaciones internacionales, confirmando la regla de no injerencia en los asuntos interiores de los Estados soberanos. Sólo dos excepciones son admitidas a la prohibición general, prescritas en el parágrafo 4 del artículo 2: la legítima defensa y las medidas adoptadas por el Consejo de Seguridad en caso de amenaza contra la paz, la ruptura de la paz y los actos de agresión. En palabras directas, se pauta la utilización de los medios diplomáticos o jurisdiccionales de solución de conflictos.

Después de la Guerra Fría, las posibilidades legales de utilizar las armas se apaciguan. Si bien el principio del Derecho de Injerencia, promovido por los franceses, el jurista Mario Bettati y por el político Bernard Kouchner, no es reconocido por el Derecho Internacional, la acción humanitaria se concibe como la más poderosa motivación para recurrir a los medios militares, tal como aconteció ante la necesidad de socorrer las poblaciones víctimas de su propio Estado en el caso de Somalia en 1993, en Costa de Marfil y en Libia, en 2011. De esta manera explícita, entra el Derecho de Injerencia Humanitario en el arsenal jurídico de la instancia onusiana.

En 1988, la Asamblea General de la ONU abrió la vía a las organizaciones no gubernamentales y, en 2005, reconoció "el deber de los Estados de proteger las poblaciones civiles". No obstante, una sospecha de arbitrariedad planea sobre el uso de la fuerza por razones humanitarias. En 1990, los Estados que intervinieron en Irak no estaban exentos de la intención oculta que se les atribuía, la de actuar principalmente para salvaguardar sus intereses. De allí, que el Profesor Sánchez Rubio, de la Universidad de Sevilla, asevere que, en la historia de la humanidad, no se ha realizado un acto de intervención humanitaria con el fin único de evitar una violencia masiva y sistemática de los Derechos Humanos.

Profusas opiniones muestran que una mejor representación, sustancialmente geográfica, del Consejo de Seguridad, alejaría las dudas acerca de la rectitud y objetividad de sus decisiones. Brasil, India o Sudáfrica podrían entrar en el organismo, lo cual elevaría los niveles de imparcialidad y justicia.

La Corte Penal Internacional, instaurada mediante el Tratado de Roma en 2002, puede, por primera vez, perseguir Jefes de Estado en ejercicio de sus funciones, descartando sus privilegios o inmunidades diplomáticas cuando se trata de delitos graves, tales como los previstos en su estatuto: crímenes de guerra, delitos de lesa humanidad y agresión.

La idea de un pacifismo activo de la doctrina francesa cobra fuerza en nuestros días. Es así como el principio de la Soberanía Estatal ha cedido su preeminencia al principio de la Intervención Humanitaria, que determina la obligación de proteger los Derechos Humanos por parte del Estado y de la Comunidad Internacional.

Numerosos juristas afirman que el Derecho Internacional contemporáneo jamás ha reconocido una fortaleza infranqueable en la Soberanía.

El principio de Soberanía ha evolucionado al compás del Derecho Internacional de los Derechos Humanos. El Estado ejerce la soberanía de manera exclusiva y excluyente de cualquier otro poder, con los límites que derivan de los derechos de otros y de las reglas del Derecho Internacional. Es una concepción de la Soberanía funcional y limitada por el Derecho.

Los Derechos Humanos han supuesto una revolución jurídica en comparación con el Derecho Internacional clásico. De otra parte, los Derechos Humanos han contribuido al cambio en la interpretación del principio de no intervención. La noción de Intervención hace referencia a la utilización de medidas económicas, políticas o de otra naturaleza para forzar a otro Estado a subordinar el ejercicio de sus derechos soberanos[9].

Ante la colisión de los principios de Soberanía y no intervención prevalecen los Derechos Humanos, por tanto es ilícita una acción del Estado que intente masacrar su población bajo el pretexto de que todo lo que allí sucede está en el interior de sus fronteras. La totalidad de los Estados, han reconocido formalmente la obligación de respetar los derechos fundamentales, como el derecho a la vida, el respeto a la integridad física y la condena al genocidio.

En definitiva, la doctrina más avanzada, señala la Intervención Humanitaria a objeto de evitar una situación de violación sistemática de los Derechos Humanos.

La *Responsabilidad de Proteger* es un mecanismo creado por Naciones Unidas en 2005, para proteger a las poblaciones en aquellos Estados en los que se violan sistemáticamente los derechos humanos. La razón esencial que se esgrime es la necesidad de hacer frente a cuatro crímenes execrables: el genocidio; los crímenes de guerra; la limpieza o depuración étnica y los crímenes de lesa humanidad. Ese compromiso estipula:

---

9   FERNÁNDEZ LIESA, Carlos R. *"El Derecho Internacional de los Derechos Humanos en perspectiva histórica"*. Editorial Civitas-Thomson Reuters. pp. 363 ss.

- Cada Estado tiene la responsabilidad de proteger la población de los crímenes masivos.

- La comunidad internacional tiene la responsabilidad de asistir a los Estados en el cumplimiento de dicha protección

- La comunidad internacional vías diplomáticas, humanitarias y otros dispositivos a fin de proteger a las poblaciones de los crímenes atroces antes señalados.

Si un Estado falla en su compromiso de proteger a su población de esos crímenes, la comunidad internacional deberá estar preparada para tomar medidas firmes, incluyendo el uso de la fuerza colectiva, a través del Consejo de Seguridad de la ONU. Esto hace la diferencia con la Intervención Humanitaria, fundamentada en el derecho que tienen los Estados de intervenir cuando ocurriesen delitos graves contra la humanidad en algún país; es una acción específicamente militar, llevada a cabo por uno o más Estados y que, no necesariamente, tiene que pasar por el Consejo de Seguridad de la ONU. La justificación no es otra que el criterio de humanidad que, en determinadas circunstancias, prevalecería sobre los principios de soberanía y no intervención de los Estados.

Aunque ambos institutos, la Responsabilidad de Proteger (RdP) y la Intervención Humanitaria, parten de la misma premisa, es decir, que la soberanía no es absoluta y que no puede servir de excusa para delitos graves. Mientras la RdP se activa de diferentes maneras, siendo el uso de la fuerza una opción que se ejercería de acuerdo a los capítulos VI y VII de la Carta de las Naciones Unidas, la Intervención Humanitaria prescinde, en principio, de todos esos pasos y va directamente a la acción militar cuando las condiciones así lo ameriten.

Dos iniciativas, una brasileña y otra china, refuerzan la lucha frente a los crímenes contra la humanidad. La primera, denominada *Responsabilidad al Proteger*, y que persigue atender las preocupaciones suscitadas por la acción militar en el marco de la RdP, requiriendo la creación de procedimientos especiales que permitan vigilar de cerca las resoluciones que autorizan el uso de la fuerza. La segunda, llamada *Protección Responsable*, nacida en 2012, calca prácticamente a la brasileña, y pide que el Consejo de Seguridad elabore directrices que acompañen una acción militar y eviten que la misma se desvíe de sus propósitos originarios.

El derecho de veto del Consejo de Seguridad (CS), vinculado a la RdP, ha merecido críticas de la doctrina, dividida en dos escuelas. Por un lado, la que mantiene que el CS no está obligado a decidir si debe o no actuar. Escuela que, por supuesto, sostiene que el derecho de veto es legal. Por otro, un sector de la doctrina que afirma que el CS está obligado a actuar y que la inacción es ilegal, al oponerse al *ius cogens*. La cuestión y los criterios a aplicar son complicados porque, aunque el CS dispone de la facultad legal para autorizar las medidas vinculantes necesarias para la restauración de la paz y la seguridad, ni la propia Carta o su normativa delimitan cual es la extensión de sus obligaciones.

Ante la perseverancia de los crímenes atroces, crece la opinión jurídica y política de que el CS debe obligarse a tomar cartas definitivas en el asunto, bajo la consideración de que el genocidio, los crímenes de guerra, la limpieza o depuración étnica y los crímenes de lesa humanidad constituyen una amenaza a la paz y seguridad internacionales.

A pesar del espaldarazo universal que recibió la joven doctrina de RdP en 2005, no ha recorrido todavía el camino que le garantice un estatuto jurídico que la consagre como norma obligatoria vinculante.

Con todo, tanto Kofi Annan como Ban Ki-moon, libraron arduas batallas a favor de la RdP en el ejercicio de la Secretaría General de la ONU, en ocasiones recriminando y avergonzando al CS por su obstrucción o pasividad ante los crímenes contra la humanidad[10].

---

10 MENÉNDEZ DEL VALLE Emilio. *El derecho de veto en el Consejo de Seguridad de la ONU. ¿obstáculo insalvable*

A la postre, quedará en manos de la Asamblea General de Naciones Unidas, la transformación de la RdP en un instrumento eficaz en favor de los seres humanos amenazados por sus gobiernos en el ejercicio de sus derechos fundamentales.

CONCLUSIÓN

Las páginas que siguen ponen de relieve el histórico debate que se ha librado en el marco de la Organización de Estados Americanos por el rescate de la democracia y de la libertad en Venezuela. El secretario general, Luis Leonardo Almagro, con su valiente lucha para denunciar la violación de los derechos humanos y exigir el restablecimiento del sistema democrático, ha logrado encender la emoción de la sociedad internacional en favor de Venezuela.

Su actitud política tiene plena justificación si se atiende a las dimensiones espeluznantes de la crisis de Venezuela, descrita en la primera parte de la exposición. Los sólidos fundamentos jurídicos surgen de los textos y providencias, analizados en la segunda parte, concernientes al Derecho Internacional de los derechos humanos.

---

para la Responsabilidad de Proteger? (2016). Real Instituto ELCANO Royal Institute. pp. 6.

De la teoría de las organizaciones internacionales

Conforme al Derecho Internacional, la organización internacional debe ser considerada como poseedora de poderes que aún no mencionados en la Carta o Estatuto son conferidos a la organización en tanto que son esenciales al ejercicio de sus funciones.

Del Corpus Iuris de la Organización de Estados Americanos

La Carta de la OEA traza sus objetivos superiores: la preservación de la democracia y la defensa y protección de los derechos humanos.

La Declaración de Santiago de Chile, prescribe el ejercicio democrático con sujeción al Estado de Derecho, la celebración de elecciones periódicas, libres y justas, basadas en el sufragio universal y secreto como expresión de la soberanía popular, el régimen de partidos políticos y de la separación e independencia de los poderes públicos.

El Tratado de Rio de Janeiro alude al concepto de seguridad, no sólo contra el ataque al territorio americano sino a la subversión interna provocada por una propaganda ideológica contra la democracia representativa, como el comunismo. Desde la perspectiva política la trascendencia de sus contenidos estriba en el refuerzo de sus competencias y capacidad de gestión de la organización regional para solucionar los conflictos entre sus miembros.

En los mismos momentos de su fundación se destacaron dos valores axiomáticos, a saber, la coordinación entre el sistema OEA y el sistema ONU, y la necesidad de resolver los conflictos de la región sin acudir al Consejo de Seguridad.

De la Acción Humanitaria, Derecho de injerencia o intervención humanitaria y la Responsabilidad de proteger

La acción humanitaria y el Derecho de injerencia, denominado por la doctrina francesa, derecho de injerencia humanitario, tiene dos fines cardinales: primero, proteger los pueblos e individuos de la opresión y segundo, evitar el sufrimiento de las víctimas en situaciones de emergencia, la pérdida de vidas humanas, la destrucción de bienes o los desplazamientos masivos de la población.

Aunque la conciliación entre el principio de no intervención y el derecho de injerencia es difícil, en nuestros días la tendencia es la conformación de una organización democrática y el establecimiento de un Estado de derecho internacional que facilite el vigor de los Derechos del Hombre, independientes de toda cultura.

La responsabilidad de proteger a la población de los crímenes masivos es atribuida a cada Estado y la comunidad internacional tiene la responsabilidad de asistir a los Estados en el cumplimiento de dicha protección.

Kofi Annan y Ban Ki-moon ostentan el liderazgo en su intento de defender los principios de la ONU que impulsaron la evolución del concepto de la soberanía estatal como derecho absoluto a una soberanía de la responsabilidad y, al mismo tiempo, la trasformación del derecho absoluto de veto al ejercicio del mismo con responsabilidad. En resumen, es un hecho que vetar acciones equilibradas y oportunamente razonadas destinadas a evitar una lesión que inflige sufrimientos indecibles podría convertir al Consejo de Seguridad en un obstáculo insuperable para el ejercicio de la responsabilidad de proteger, lo que va en desmedro de su credibilidad, legitimidad y de la propia Organización de las Naciones Unidas.

Luis Leonardo Almagro, secretario general de la Organización de Estados Americanos, ha emprendido un camino arduo en la defensa de los valores democráticos y derechos fundamentales de Venezuela, que hoy renueva su esperanza tras veinte años de oscuridad y tiranía.

SEGUNDA PARTE

LA ACCIÓN HUMANITARIA, EL DERECHO DE INJERENCIA Y EL CONFLICTO DE COLOMBIA

El Derecho Internacional Humanitario y el Derecho Internacional de los Derechos Humanos constituyen dos expresiones de vanguardia del Derecho Internacional Público. Mi conferencia en el *Congreso Internacional sobre los Perfiles de la Negociación en el Caso Colombiano*, celebrado entre los días 13 y 14 de marzo de 2013, en la Universidad de Medellín, aludió a las nuevas tendencias en ambos campos. Este trabajo, no obstante, está primordialmente dirigido a poner de relieve la importancia de la acción humanitaria y del derecho de injerencia en el mundo de las relaciones internacionales y, específicamente, en el conflicto colombiano.

La Guerra de Guerrillas, así, con mayúscula, nefasta y dolorosa, comienza su andadura en Colombia y Venezuela al mismo tiempo, en 1961, bajo el impulso de Fidel y Raúl Castro. Aunque persiste en Colombia después de 50 años, fue derrotada, de manera contundente, en Venezuela por el plan político, democrático y pacificador, concebido por los ex Presidentes de la República, Rómulo Betancourt y Raúl Leoni Otero y, el gran líder social demócrata, Gonzalo Barrios, antiguo Vicepresidente de la Internacional Socialista, en los tiempos del alemán, Willy Brandt y el francés, François Mitterand.

En los mismos días del Congreso en Medellín, el 14 de marzo de 2013, los representantes del Gobierno de la República de Colombia y las FARC, acordaban el diseño de programas de recuperación de tierras en beneficio de los pobres: campesinos, comunidades indígenas y afrodescendientes que ocupan un lugar central en la sociedad colombiana, contribuyendo a la organización del territorio, a la uniformidad cultural y a una forma de vida mejor relacionada con la naturaleza y la producción. Sirvió de escenario de las conversaciones entre las partes el Palacio de Convenciones de la Habana, Cuba. ¡Qué paradoja!.

Las negociaciones han contado con el auspicio del Ministerio de Relaciones Exteriores de la República de Colombia y el apoyo de todos los ex presidentes colombianos. Las mismas se llevan a cabo solamente con las FARC. El proceso plantea retos inmensos, políticos y jurídicos, que aspiran satisfacer la sed de justicia por las atrocidades cometidas. En mi opinión, el esfuerzo es plausible, adhiero la idea de que el Derecho Internacional es, en esencia, un orden para promover la paz[11].

Por lo demás, la aceptación de la inteligente propuesta del Gobernador de Antioquia, Sergio Fajardo Valderrama, solicitando a las FARC el abandono de las armas y su posterior conversión en fuerza política, aseguraría un entendimiento político digno de ser recogido en los compromisos finales de los Diálogos de Paz.

La estructura para la presentación de nuestro análisis consta de dos partes: una primera, referida a la Historia y Definición de la Acción Humanitaria y una segunda, relativa al Origen y Aplicación del Derecho de Injerencia Humanitario. Advierto que en el decurso de la exposición aparecerán los estrechos lazos axiomáticos entre el Derecho Internacional Humanitario y el Derecho Internacional de los Derechos Humanos.

I. HISTORIA Y DEFINICIÓN DE LA ACCIÓN HUMANITARIA

1. *Historia de la acción humanitaria*

Los antecedentes de la idea contemporánea de la acción humanitaria se pueden encontrar en diferentes culturas y religiones. El hito primordial, sin embargo, tuvo lugar en el año de 1859 a raíz de la batalla de Sol-

---

11 KELSEN H. *Derecho y Paz en las relaciones internacionales* (1974). Editora Nacional. Madrid (pp. 23).

ferino. El empresario suizo, Jean Henry Dunant, conmovido por el alto número de bajas, sugirió la creación de una Sociedad Voluntaria de Socorro y la instauración de un principio internacional de garantía a los hospitales militares y al personal sanitario, auténtica génesis de la Cruz Roja.

El Comité Internacional de la Cruz Roja es fundado en 1864. Su naturaleza jurídica es la de una verdadera organización privada encargada de una misión de servicio público internacional. Su acción es internacional, sin duda, pero su composición es nacional, ya que está integrada por ciudadanos suizos reclutados por cooptación.

Durante los años 70 y los años 80 el desarrollo de lo humanitario se vio fortalecido, con la aparición de nuevas organizaciones no gubernamentales, tales como "Medecins sans Frontieres", formada por el médico francés Rony Brauman, con la valiosa colaboración del antiguo Ministro de Asuntos Exteriores de Francia, Bernard Kouchner.

La acción humanitaria se hizo aún más vigorosa en la década de los años 90. En efecto, la Guerra Fría, resultante de la rivalidad entre los Estados Unidos y la Unión de Republicas Socialistas Soviéticas, aumentaría la capacidad de decidir del Consejo de Seguridad, viabilizando la proliferación de las operaciones de paz.

El auge de la acción humanitaria, también se debe al considerable crecimiento de las adhesiones de los Estados a las Organizaciones Internacionales, cuya contribución material tendía a favorecer los programas de cooperación. La Organización de Cooperación y Desarrollo Económico (O.C.D.E), por ejemplo, dio un salto espectacular de una cuota modesta de 286 millones de dólares, a una de 3.468 millones de dólares[12].

Del mismo modo, los avances institucionales consolidan la acción humanitaria. Una demostración evidente es la creación del Departamento para Asuntos Humanitarios de la Organización de Naciones Unidas (O.N.U) en el año de 1992, con el objeto de responder de las crisis humanitarias. Convertido en 1998 en la denominada Oficina de Coordinación de Asuntos Humanitarios (OCAH), dotada de extensas facultades, mediante la definición de funciones, reactivación de la cooperación interinstitucional y simplificación de procedimientos de apoyo a la coordinación in situ. La OCAH es parte de la Secretaría de las Naciones Unidas y su objetivo es la asistencia en crisis humanitarias, las cuales llegarían a superar la capacidad de un solo organismo humanitario.

Apreciable es, igualmente, el establecimiento del Departamento para la Ayuda Humanitaria de la Co-

---

12 SÁNCHEZ RUBIO D. *Interventions humanitaires. Principes, concepts et réalités* (2004). Alternatives Sud. Louvain-la-Neuve. (vol. 11, nª 3). (pp. 73).

misión Europea con sede en Bruselas, a fin de disponer del programa comunitario en respuesta a los desastres naturales y conflictos armados en países no miembros, con facultades para recaudar fondos y poner en pie programas de preparación ante desastres.

La ayuda, vale la pena decir, puede ser proporcionada por actores nacionales e internacionales, requiriéndose la anuencia del Estado para suministrarla a su propia población. Caso patético, fue el accidente geográfico o deslave ocurrido en Venezuela en 1999, que por desprendimientos del Monte Ávila sobre el Litoral, varias poblaciones quedaron cegadas: Catia la Mar, Caraballeda, Macuto, Playa Grande, Camurí y Camurí Chico. El fallecido presidente Hugo Chávez, se negó en rotundo a recibir la asistencia ofrecida por Estados Unidos. Han pasado 15 años y la catástrofe perdura.

2. *Definición de la acción humanitaria*

La definición de la Acción Humanitaria, aceptada por la mayor parte de la doctrina es la siguiente:

"El conjunto diverso de acciones de ayuda a las víctimas de los desastres, desencadenados por catástrofes naturales o por conflictos armados, orientados a aliviar su sufrimiento, garantizar su subsistencia, proteger sus derechos fundamentales y defender su dignidad"[13].

El ejercicio de las mismas comprende la protección y defensa de los derechos humanos, advocacy, denuncia, testimonio, presión política, lobby y todo lo demás.

La acción humanitaria se caracteriza por determinadas actividades y objetivos, lo mismo que por una serie de principios éticos que le son inherentes, tales como la humanidad, la imparcialidad, la neutralidad y la independencia. Estos principios implican que son las necesidades de las personas las regidoras de la acción humanitaria y no los Estados con sus intereses políticos y económicos.

La ayuda humanitaria puede distinguirse así:

-La ayuda proporcionada con carácter de urgencia a las víctimas de desastres por catástrofe natural o por conflictos armados, consistente en la provisión gratuita de bienes y servicios esenciales, en un marco temporal, para la supervivencia inmediata.

---

13 Colectivo. ARMIÑO DE PÉREZ K. (dir.). *Diccionario de Acción Humanitaria y Cooperación al Desarrollo* (2002). Icaria. Bilbao. (Segunda edición). (pp. 8-16).

-La ayuda en la cual se confunden acción y ayuda, tal como lo admite parte de la doctrina, no solamente incluye la emergencia sino la ayuda en forma de operaciones prolongadas para resolver los problemas planteados por los refugiados y los desplazamientos internos.

Dichas operaciones prolongadas no se limitan al mero auxilio o socorro o "rilief" de los ingleses sino que contribuyen a frenar la descomposición del tejido económico y social y a sentar las bases de la rehabilitación y el desarrollo futuros. Verbo y gracia, el Programa Mundial de Alimentos de 1989.

A partir del siglo XX, comienzan a codificarse las reglas consuetudinarias relativas a los medios y métodos de guerra. Este grupo de normas relativas a los límites específicos impuestos a los Estados beligerantes en cuanto a cómo hacer la guerra se conoció como el Derecho de la Haya (1907). En la actualidad la mencionada normativa se ha fundido con el Derecho de Ginebra, plataforma sobre la cual se levanta el Derecho Internacional Humanitario.

Los Convenios de Ginebra, de 1949, y sus Protocolos adicionales, le confieren al Comité Internacional de la Cruz Roja Internacional la función de supervisar y garantizar el cumplimiento de dichos instrumentos, sustancialmente, para la protección de las víctimas de los conflictos armados.

Los Convenios o Convenciones de Ginebra disponen una serie de normas internacionales para humanizar la guerra e instituyen el *corpus iuris* que provee la normalización del Derecho Internacional Humanitario.

Las Convenciones fueron firmadas en Ginebra (Suiza) entre 1864, fecha de nacimiento de la Cruz Roja, y 1949 con la intención de minimizar las terribles consecuencias de la guerra sobre soldados y civiles. Dos Protocolos adicionales fueron suscritos en 1977 y un tercero fue aprobado en 2005[14].

Las Convenciones de Ginebra las detallo de seguidas:

La primera, comprende el Convenio de Ginebra para el mejoramiento de la suerte que corren los militares heridos en los ejércitos en campaña de 1864, fue actualizado en las convenciones de 1906, 1929 y 1949. La segunda, contiene el Convenio de Ginebra para el mejoramiento de los militares heridos, enfermos o náufragos en las fuerzas armadas en el mar, de 1906, actualizado en las convenciones de 1929 y 1949. La tercera, abarca el Convenio de Ginebra encaminado a mejorar la suerte de los heridos y enfermos en los ejércitos en campaña y el Convenio de Ginebra relativo al

---

14 VINUESA R. *Derechos Humanos y Derecho Internacional Humanitario* (1998). Wolfrum. Argentina. (pp. 27-42)

trato de los prisioneros de guerra, ambos de 1929, actualizados en la Convención de 1949.

Por último, la Cuarta Convención concerniente al Convenio de Ginebra sobre la Protección de Personas Civiles en Tiempo de Guerra de 1949.

Las Convenciones de 1949 han sido modificadas por tres Protocolos, a saber:

-Protocolo I de 1977, acerca de la protección de las víctimas de los conflictos armados internacionales.

-Protocolo II de 1977, referido a la protección de las víctimas de los conflictos armados sin carácter internacional.

-Protocolo III de 2005, relacionado con la adopción de un emblema distintivo adicional.

La Convención de Ginebra se aplica en tiempos de guerra o conflicto armado entre aquellos gobiernos que han ratificado sus términos. Los detalles de su aplicación se exponen en los Artículos Comunes 2 y 3. El tema ha generado controversia.

Cuando los mencionados instrumentos se aplican, algunos gobiernos deben ceder ciertos atributos de su soberanía nacional para cumplir con la norma jurídica internacional. Estas disposiciones pueden no ser enteramente armoniosas con su Constitución o con sus valores culturales. A pesar de las ventajas ofrecidas a los individuos, las presiones políticas pueden causar que los gobiernos se muestren reacios a aceptar responsabilidades.

Es necesario poner de relieve la existencia de otras organizaciones internacionales que realizan tareas similares de vigilancia de los derechos humanos en contextos de crisis política o conflicto armado. Mención especial alcanzan Human Rights Watch o Amnistía Internacional o las Misiones de observación de la Organización de Naciones Unidas (O.N.U) o la Organización para la Seguridad y la Cooperación en Europa (O.S.C.E).

Discutible es el punto vinculado a las formas de protección militar ofrecidas por la O.N.U o la O.T.A.N, en vista de las dificultades que presenta la calificación de ese tipo de actividades dentro de la acción humanitaria.

El advenimiento de ECHO[15] (*European Community Humanitarian Office*) coincide con el aumento en número e intensidad de las crisis humanitarias desde finales de los años 80 y con el consiguiente incremento de fondos orientados hacia la ayuda humanitaria.

---

15 BEYANI CH. *The legal bases for humanitarian assistance* (1996). ECHO-VOICE. Londres (pp. 31-45).

ECHO se creó para gestionar los crecientes fondos destinados por la Unión Europea a la ayuda humanitaria, sistematizando las líneas de financiación y actividades en la materia, aumentando su eficacia y otorgándoles una mayor visibilidad. Adicionalmente, los lentos avances hacia la construcción de una Política Exterior y de Seguridad Común (PESC) han determinado que la ayuda humanitaria de la Unión Europea sea considerada como uno de los principales elementos de su política exterior.

Asimismo, el incremento en volumen de lo recaudado se elevó fuertemente en la primera mitad de los 90, pasando de 196 millones de euros en 1991 a 765 millones en 1994. En cualquier caso, ECHO es el mayor donante mundial de ayuda humanitaria y la principal financiadora de las agencias de Naciones Unidas implicadas en la ayuda humanitaria y la cooperación para el desarrollo.

Agregaremos a la definición anterior sobre la ayuda humanitaria, la contenida en el Reglamento del Consejo de la Unión Europea de 1996, a mí juicio, más completa:

"el conjunto de acciones no discriminatorias de asistencia, socorro y protección a favor de las poblaciones, en particular las más vulnerables, de los países en vías de desarrollo, víctimas de catástrofes naturales, de acontecimientos de origen humano tales como guerras o conflictos, o de situaciones y circunstancias semejantes a las calamidades naturales o provocadas por el hombre, durante el tiempo necesario para hacer frente a las necesidades humanitarias que resulten de estas diferentes situaciones"[16].

II. ORIGEN Y APLICACIÓN DEL DERECHO DE INJERENCIA HUMANITARIA

1. *Origen del derecho de injerencia humanitaria*

En las ruinas de la Segunda Guerra Mundial, en 1945, los fundadores de la ONU confirieron a la paz un valor supremo. Es por esa razón que la Carta de la Organización prohíbe, por principio, el empleo de la amenaza de la fuerza en las relaciones internacionales (artículo 2 § 4)[17], confirmando la regla de no injerencia en los asuntos interiores de los Estados soberanos, semejante disposición pretende garantizar y preservar la estabilidad política.

En realidad las grandes potencias han intervenido militarmente, en cuantiosas ocasiones, en los países extranjeros bajo diversos pretextos, desde la protección de sus nacionales o de sus intereses comerciales o la lucha contra la hegemonía, real o supuesta, de un

---

16 ZORGBIBE C. *Droit d'Ingerence* (1998). Presses Universitaires de France. París. (pp. 5).

17 Carta de las Naciones Unidas, 26 de junio de 1945.

país vecino y todo para salvaguardar sus principales ventajas y beneficios.

El jurista belga, Olivier Corten, afirma que el principio de no intervención es el fruto del combate librado por los países débiles[18].

A lo largo del siglo XIX los países de menor desarrollo sufrieron un colonialismo y un imperialismo que era indispensable detener. Precisamente el argumento humanitario ha sido invocado para justificar las acciones militares de occidente en el antiguo Imperio Otomano, África, América Latina o en el Medio Oriente.

Sólo dos excepciones son admitidas a la prohibición general, prescritas por el parágrafo 4 del artículo 2:

La legítima defensa y las medidas adoptadas por el Consejo de Seguridad en caso de amenaza contra la paz, de ruptura de la paz y los actos de agresión (Capítulo VI). En todo caso, el Derecho de la ONU impone un reglamento pacífico de las diferencias ante todo recurso a la fuerza (Capítulo VI) a fin de evitar la guerra: mediación, buenos oficios, encuesta, Arbitraje o Tribunal Internacional de Justicia. En otras palabras, la utilización de los medios diplomáticos o jurisdiccionales de solución de conflictos.

---

18 CORTEN O. *Les ambiguiités de droit d'ingerence humanitaire* (1999), Le Courrier de l'Unesco. París.

La llamada guerra del golfo fue precedida de un intenso ballet diplomático en 2009, lo mismo aconteció en el caso de la Costa de Marfil en 2011. En esas circunstancias, las sanciones, aún las no militares pueden ser decididas por el Consejo de Seguridad pero jamás por un Estado sin autorización internacional.

Aunque los principios consagrados en 1945 no han extendido la paz por el mundo y la Carta de las Naciones Unidas no han hecho desaparecer los intentos o agresiones de los países fuertes contra los países débiles, si han dado a los Estados agredidos la posibilidad de invocar el derecho para oponerse al uso de la fuerza, a tal punto que Israel se vio empujada a imaginar contra Egipto en 1967 y los Estados Unidos contra Irak en 2003 *la legítima defensa preventiva*. Insostenible, por cierto, desde la perspectiva del Derecho Internacional.

Desde su creación la ONU ha autorizado el uso de los medios de coerción armada en ocasiones diferentes, en virtud del Capítulo VII. La intervención en Corea en 1950 con el objetivo cardinal de mantener la paz constituye una acción emblemática. Por lo que se infiere que las únicas razones para recurrir a la fuerza deben ser imperiosas y sólo el Consejo de Seguridad puede autorizarlo.

En 1990 la anexión de Koweit por Irak se consideró una flagrante violación del Derecho Internacional, que prohíbe las extensiones del territorio por la fuerza y la agresión a un Estado miembro de la ONU.

Después de la guerra fría, las posibilidades legales de utilizar las armas se apaciguan. Si el principio del Derecho de Injerencia promovido por el jurista italiano Mario Bettati y por el político francés Bernard Kouchner no es reconocido por el Derecho Internacional[19], la acción humanitaria se concibe como la más poderosa motivación para recurrir a los medios militares, tal como aconteció ante la necesidad de socorrer las poblaciones víctimas de su propio Estado en el caso de Somalia en 1993, en la Costa de Marfil en 2011 y en Libia en el mismo año. De esta manera, explícita, entra el Derecho de Injerencia Humanitario en el arsenal jurídico de la instancia onusiana.

En 1988 la Asamblea General de la ONU abrió la vía a las Organizaciones No Gubernamentales[20]. En 2005 reconoció *"el deber de los Estados de proteger las poblaciones civiles"*. Y luego, en 2006 el Consejo de Seguridad refuerza las obligaciones de los gobiernos en relación a los civiles en período de conflicto armado, comprendida la dimensión internacional del mismo.

---

19 BETTATI M. *Le droit d'ingerence. Mutation de l'ordre international* (1996). Odile Jacob. París. (pp. 87).

20 DIEZ DE VELASCO M. *Las Organizaciones Internacionales* (2010). Tecnos. Madrid. (Decimosexta edición coordinada por J.M. Sobrino Heredia). (pp. 156-157).

En aras de la prudencia la ONU descarta el reconocimiento de un deber general de injerencia humanitaria, una muestra suficiente es el balance más o menos moderado de las intervenciones en Bosnia en 1992 y en Somalia en 1993. A estas alturas, las Naciones Unidas intentan clarificar los criterios todavía imprecisos para autorizar una acción armada.

La intervención militar para la defensa de los derechos fundamentales comporta zonas de sombra y suscita siempre la polémica. Rusia, China y la India salvaron su voto en el momento de intervenir en Libia, en cambio, Alemania se opuso y Estados Unidos apoyó la propuesta, un tanto precipitada, del Presidente francés Nicolás Sarkozy. Los diferentes puntos de vista, generalmente contradictorios, también se hacen presentes en el seno de la OTAN, encargada hacia el futuro de conducir las operaciones militares que, por definición, pueden provocar la muerte, haciendo brotar perturbaciones internacionales.

De allí que un grupo numeroso de juristas rechacen la expresión de guerra justa o guerra humanitaria, prefiriendo el término de intervención militar que tiene por objeto la protección humanitaria o simplemente, intervención militar de protección humanitaria[21]

---

21 *Commission International sur l'intervention et la souveraineté des Etats, La responsabilité de protéger.* (2001). Publié

Lo mismo, es importante apuntar que la división entre los miembros permanentes del Consejo de Seguridad puede impedir en algún caso el recurso a la fuerza. Sucedió en 2003 al oponerse Francia a la guerra de Irak, que contó con el discreto sostén de Rusia y China. Hoy en día, la Carta de las Naciones Unidas no ha sido revisada en lo que respecta al empleo de la fuerza, por lo cual, las intervenciones actuales se inscriben en un cuadro incierto y en plena evolución.

2. *Aplicación del derecho de injerencia*

Una sospecha de arbitrariedad planea sobre el recurso al uso de la fuerza por razones humanitarias. En 1990 los Estados que intervinieron en Irak no estaban exentos de la intención oculta que se les atribuía, la de actuar principalmente para salvaguardar sus intereses. Lo mismo se pensó en relación al soporte militar de Francia en Côte d`Ivoire, antigua colonia, a las Fuerzas republicanas del presidente Quattara, con abierta intención de poner a buen resguardo sus intereses particulares en África del Oeste.

El profesor David Sánchez Rubio de la Universidad de Sevilla, asevera que en el curso de la historia de la humanidad no se ha realizado un acto de intervención humanitaria con el propósito exclusivo de

---

par le Centre de recherches pour le développement international. Canadá.

evitar una violación masiva y sistemática de los derechos del hombre[22]. Eso nos plantea la enorme dificultad de poner en vigor un sistema jurídico sobre principios cuya aplicación será, indubitablemente, de geometría variable.

Profusas opiniones muestran que una mejor representación, substancialmente, geográfica del Consejo de Seguridad alejaría las dudas acerca de la rectitud y objetividad de sus decisiones. Brasil, India o Sudáfrica podrían entrar, lo cual elevaría los niveles de imparcialidad y justicia deseables. De todas maneras, el Foro magnífico de las Naciones Unidas debe y tiene que ser considerado un lugar para la confrontación pacifica, donde se expresan diferentes puntos de vista u opiniones, construyéndose progresivamente una normativa jurídica internacional de consenso.

También, la Corte Penal Internacional, instaurada mediante el tratado de Roma en 2002, puede por vez primera perseguir Jefes de Estado, en ejercicio de sus funciones, descartando sus privilegios o inmunidades diplomáticas cuando se trata de de delitos graves, tales como los previstos en su estatuto: crímenes de guerra, delitos de lesa humanidad y agresión. Diputado y luego, comisario europea Emma Bonino[23], estima que

---

22 SÁNCHEZ RUBIO D, *op. cit.*

23 BONINO E. *Las distintas formas de intervención* (2001). *Revista de Occidente.* (n° 236-237). (pp. 63).

la Corte puede jugar un papel disuasivo, intentando evitar la impunidad de los criminales de guerra. Si bien tres miembros permanentes del Consejo de Seguridad, EEUU, China y Rusia, sobre cinco, no han reconocido el alto tribunal, ello no ha sido óbice para que el Consejo de Seguridad instara a la CPJ a ir contra el presidente de Sudán, Omar Al-Bachir. En ese sentido, remarcable es la opinión del filósofo búlgaro-francés, Tzvetan Todorov:

> *Il est rare que la vie politique soit réduite à des options tellement crueles, et ce n'est pas vrai qu'il faile nécessairement choisir entre la lacheté de l'indifférence et le chaos des bombardements. Une telle issue s'impose uniquement si l'on décide au départ qu'agir signifie "agir militairement". Il existe des formes d'intervention autres que les ataques militaires*[24]

La idea de un pacifismo activo de la doctrina francesa cobra fuerza en nuestros días, es así como el principio de la *Soberanía Estatal* ha cedido su preeminencia al principio de la Intervención Humanitaria, en definitiva, a la viabilidad o aplicación del *Derecho de Injerencia Humanitaria*, que determina la obligación de prote-

---

24 TODOROV T. *Mémoire du mal. Tentation du bien* (2000). Robert Laffont. (pp. 312-316.)

ger los derechos humanos por parte del Estado y de la Comunidad Internacional.[25]

Numerosos Juristas estiman que el Derecho Internacional Contemporáneo jamás ha reconocido en la Soberanía una fortaleza infranqueable:

> *On ne peut en aucan cas pretendre qu'il serait licite pour un Etat de massacrer sa population sous le pretexte que tout ce qui se passe a l'interieur des frontieres releve de ses affaires interieures.* Señala Olivier Corten.

La totalidad de los Estados han reconocido formalmente que ellos deben respetar los principios fundamentales como el derecho a la vida, el respeto a la integridad física o la prohibición y condena al genocidio. Este concepto clave ha hecho posible las intervenciones en 1950. El Consejo de Seguridad de Naciones Unidas llevó a cabo una intervención armada en Corea en 1961, intervino en el Congo-Kinshasa y en 1965 autoriza al Reino Unido recurrir a la fuerza en Rodesia.

Pero son los años 90 los llamados decenio de las sanciones. El Consejo de Seguridad autoriza el uso de la fuerza a los Estados que la soliciten, son los casos de Irak (1991), Somalia (1992), Bosnia (1992), Haití (1994), Ruanda (1994), Zaire (1996), Albania (1997), Sierra

---

25 CORTEN O. *op. cit.*, BETTATI M. *op. cit.* ZORGBIBE CH. *op. cit.*

Leona (1999), Timor Oriental (1999), Kosovo (1999), Afghanistan (2002), Burundi (2004), República Democrática del Congo (2005), Cote d'Ivoire y Libia en 2011.

La Carta de las Naciones Unidas establece un marco definido y facilitador de la acción y la cooperación entre los Estados para resolver los problemas de carácter internacional humanitario.[26] Sin embargo, en el texto de la propia Carta se da un equilibrio problemático entre el ejercicio de la acción internacional prevista y los clásicos principios del Derecho Internacional, el de la Soberanía Estatal y el de No Intervención en los asuntos internos de otro Estado. En consecuencia, las disposiciones contenidas en el capítulo VII del texto abren la posibilidad de que el Consejo de Seguridad autorice acciones contra el Estado, si este ha amenazado o violado la paz y la seguridad de la Comunidad Internacional. Las violaciones masivas y graves a los derechos humanos dentro del Estado han sido interpretadas como una amenaza a la paz y a la seguridad internacional.

En definitiva, la cuestión que se plantea es saber si es posible justificar un acto de intervención humanitaria que tenga por objeto principal evitar una situación

---

26 CHAUMONT CH., *L'O.N.U.* (1978). Que sais-je? Presses Universitaires de France. París, pp. 63.

de violación masiva y sistemática de los derechos humanos.

CONCLUSIÓN

1. La acción humanitaria es una sólida plataforma sobre la cual se erige el Derecho Internacional Humanitario.

2. Uno y otro encuentran sus fundamentos filosóficos y jurídicos en la normativa señalada, dentro de la cual destacan: el Tratado de la Haya de 1907; los Convenios de Ginebra de 1949 y sus tres Protocolos de reforma de 1977, los dos primeros, y de 2005, el tercero; la Carta de Naciones Unidas de 1945, en las prescripciones contenidas en sus capítulos VI y VII y los Reglamentos del Consejo de la Unión Europea de 1966 que conciernen ,en principio, a la creación de la European Community Humanitarian Office.

3. La intervención humanitaria entendida en profundidad tiene la intención real de evitar las violaciones de los derechos del hombre.

4. Ningún Estado puede intentar masacrar su población bajo el pretexto de que todo lo que acontece en sus fronteras concierne a sus asuntos internos invocando el principio de la Soberanía y de la No Intervención.

5. Resuena aún la orden del Secretario general de la ONU de tomar las medidas necesarias para impedir el uso de las armas pesadas contra la población civil en Libia, el 14 de abril de 2011, como consecuencia de la resolución n° 1975 del Consejo de Seguridad, adoptada por unanimidad, es bueno recalcarlo, el 30 de marzo de 2011. Kadhafi había amenazado con una persecución salvaje e implacable y con una matanza colectiva a los "ratas" disidentes. La opinión de la comunidad internacional la reflejó la prensa mundial (le Figaro, Times, Washington Post, Herald Tribune) con el título: KADHAFI DEBE PARTIR.

6. Casos como el de Libia, Somalia o Irak que suponen la reconstrucción de un Estado o el derrocamiento de una sanguinaria y brutal dictadura hacen necesaria una respuesta político-militar.

7. La acción humanitaria y el Derecho de injerencia, denominado por la doctrina francesa, Derecho de Injerencia Humanitario, tienen dos fines cardinales: En primer lugar, proteger los pueblos e individuos de la opresión y en segundo lugar, evitar el sufrimiento de las víctimas de las catástrofes naturales en situaciones de emergencia, la pérdida de vidas humanas, la destrucción de bienes o los desplazamientos masivos de la población.

8. Aunque la conciliación entre el principio de No Intervención y el Derecho de Injerencia es difícil. En

nuestros días la tendencia es la conformación de una organización democrática y el establecimiento de un estado de derecho internacional que facilite la afirmación de los Derechos del Hombre, independientes de toda cultura. En síntesis, la instauración de un mecanismo de sanción de las dictaduras, próximo a la conocida doctrina Betancourt, que planteaba el no reconocimiento de los gobiernos de facto cuyos gobernantes no estaban investidos por la voluntad general.

EPÍLOGO

RESPONSABILIDAD DE PROTEGER POR LUIS ALMAGRO, SECRETARIO GENERAL DE LA OEA, JULIO 9, 2019

La respuesta irresponsable e inmoral a la situación en Venezuela es no actuar. Venezuela necesita todas las manos porque se están cometiendo crímenes de lesa humanidad, porque hay una crisis humanitaria, porque hay una crisis migratoria, porque se violan los derechos humanos sistemáticamente por la dictadura usurpadora. La comunidad internacional ya ha sido testigo de los efectos de la indiferencia e inacción, cuando se niegan o se ignoran los abusos de una dictadura contra su gente. La irresponsabilidad de proteger es inmoral. Este no es el camino.

La Responsabilidad para Proteger (R2P) como principio del derecho internacional ha revivido, de todos los lugares posibles del mundo, en América Latina, por la crisis venezolana. R2P no es solo una idea, ni una doctrina sin dientes como algunos abogaron y quisieron que quedara escrita cuando se aprobó en el Cumbre Mundial de Naciones Unidas en 2005. R2P es una doctrina internacional tangible para la defensa de la dignidad humana y los derechos de personas que han sido víctimas de graves violaciones de derechos humanos.

Es un desafío la mala reputación que tiene las tres palabras "Responsabilidad para Proteger", que al solo mencionar la doctrina provoca fuertes reacciones inesperadas. Muchas personas están confundidas con lo que R2P es y no es. R2P no es sinónimo de intervención militar, como algunos la interpretan automáticamente. Tampoco su aplicación implica una agresión de facto al principio de autodeterminación y soberanía de las naciones.

Atajos mentales predominan entre diplomáticos y la opinión pública con respecto a R2P. El sesgo de disponibilidad lleva a pensar en ejemplos inmediatos de R2P cuya implementación ha sido no muy positiva. Los ejemplos son negativos ya sea porque se pensó demasiado tarde (Ruanda y ex Yugoslavia) o porque se implementó bajo una justificación política y no humanitaria (Libia). La persistencia de estos sesgos en los tomadores de decisión impide evaluar con objetividad las necesidades existentes de quienes tienen el derecho a la responsabilidad de proteger, como el pueblo venezolano que vive en un limbo de derechos eliminados bajo el contexto de una dictadura usurpadora y una comunidad internacional que titubea al actuar.

Lo cierto es que R2P significa el rechazo a la indiferencia de la comunidad internacional de cara a crímenes de lesa humanidad, genocidio, crímenes de guerra, y limpieza étnica cometida por un Estado contra su propia gente. R2P legitima la responsabilidad legal y visibiliza la obligación moral que la comunidad internacional tiene en la protección de los derechos humanos, sea donde sean violados gravemente en el mundo.

La lógica es muy sencilla: cuando el Estado fracasa, intencionalmente o no, en su responsabilidad primaria de proteger los derechos de su gente, la comunidad internacional asume esta responsabilidad como suya.

Sería una actuación inmoral de la comunidad internacional ni siquiera considerar el mecanismo de R2P en casos como el venezolano. Debe de mantenerse como una opción disponible, esto es lo correcto y es lo que menos se merecen los millones de venezolanos que son víctimas de graves violaciones de derechos humanos, del apartheid alimenticio, de la segregación política en el acceso a los servicios de salud, de la tortura, y de la represión sistemática y generalizada en todas sus formas que ejecuta el Régimen usurpador de Maduro contra su propia gente.

El enfoque para abordar R2P no debe de ser desde nuestras necesidades, nuestra perspectiva, nuestros cargos, y/o nuestras posiciones ideológicas y políticas. Debemos procurar un enfoque de R2P a partir de los ojos y las necesidades de las víctimas.

El problema es que la comunidad internacional gravita hacia una posición cautelosa, conservadora, de no asumir riesgo alguno, con una lógica política y diplomática y auto complaciente. La lógica debe ser desde el punto de vista de las víctimas que sufren la falta de protección, la falta de quien se haga responsable de defender sus derechos más básicos contra amenazas reales y directas desde formas dictatoriales del poder.

¿Qué opinarían de R2P los venezolanos que han sido torturados y siguen siendo presos políticos? ¿Qué opina de R2P la familia del Capitán Rafael Acosta Arévalo? ¿qué pensarán de R2P los padres de los niños venezolanos desnutridos? ¿qué valoración harán de R2P los pacientes de diálisis y de cáncer?

El principio de responsabilidad de proteger para el caso de Venezuela ya está en marcha, pero se necesita profundizar. El artículo 139 de la resolución A/RES/60/1 de la Asamblea General de Naciones Unidas del 16 de septiembre de 2005 afirma, "La comunidad internacional, por medio de las Naciones Unidas, tiene también la responsabilidad de utilizar los medios diplomáticos, humanitarios y otros medios pacíficos apropiados, de conformidad con los Capítulos VI y VIII de la Carta, para ayudar a proteger a las poblaciones del genocidio, los crímenes de guerra, la depuración étnica y los crímenes de lesa humanidad."

La comunidad internacional ya ha utilizado medios diplomáticos como la aplicación de sanciones y aprobación de resoluciones que declaran la ilegitimidad del gobierno del usurpador dictador. Los medios humanitarios también se han intentado implementar. La ayuda humanitaria se intentó entregar, pero fue negada y hasta reprimida con uso de fuerza por parte de colectivos de la dictadura en la frontera con Colombia y Brasil. Asesinaron a indígenas e hirieron a decenas civiles que buscaban la ayuda humanitaria inclusive.

Para profundizar R2P, debe mantenerse abierta la opción de "otros medios pacíficos". La alternativa a esto es la continuación de represión y opresión por una dictadura inhumana, mientras el mundo observa y reafirma su complicidad.

Existe suficiente evidencia para justificar la profundización de R2P en Venezuela: los cuatro informes de la Secreta-ría General de la OEA sobre la crisis venezolana publicados entre 2016 y 2017; el informe publicado en mayo de 2018 por el Panel de Expertos Internacionales Independientes que encontró "fundamento suficiente" de crímenes de lesa humanidad en

Venezuela; la solicitud de Estados ante la Corte Penal Internacional de investigar a Venezuela por crímenes de lesa humanidad, la primera vez que Estados Parte del Estatuto de Roma refieren ante el tribunal a otro Estado parte; el reciente informe presentado por la Alta Comisionada de la ONU para los Derechos Humanos; y los millones de testimonios de víctimas y familiares de víctimas de la dictadura que se acumulan a diario.

La responsabilidad es hoy por hoy de la comunidad internacional. La soberanía nacional no es incondicional cuando de protección de derechos humanos y del mantenimiento de una noción común humana de dignidad se trata. El camino responsable, jurídico y moral es el de R2P para Venezuela que necesita toda la ayuda para recuperar la democracia, los derechos de la gente y la paz.

www.ingramcontent.com/pod-product-compliance
Lightning Source LLC
Chambersburg PA
CBHW020709270326
41928CB00005B/335